McDOUGAL LITTELL

BLEU
1

Discovering FRENCH Nouveau!

Activités pour tous

ISBN-13: 978-0-618-29836-5   ISBN-10: 0 - 618 - 29836 - 3

13 14 15 —DOM — 09 08 07

Table of Contents

To the Student

The activities in *Activités pour tous* include vocabulary, grammar, and reading practice at varying levels of difficulty. Each practice section is three pages long, with each page corresponding to a level of difficulty (A, B, and C). A is the easiest and C is the most challenging. Each level includes three activities.

The reading activities are often based on French realia, such as menus, newspaper clippings, advertisements, and so forth.

Nom _____

Classe _____ Date _____

Unité 1. Faisons connaissance

LEÇON 1A   La rentrée

A

Activité 1 Bonjour!

Circle the words that best complete the dialogues.

1. —Bonjour! *Je m'appelle / Tu t'appelles* Patrick. Et *toi / moi?*
   —Je m'appelle Anne.

2. —Bonjour! Je m'appelle Yvonne.
   —Bonjour! *Je m'appelle / Tu t'appelles* Pierre.

3. — *Moi , / Toi*, je m'appelle Christine. Et *moi / toi?*
   — *Moi , / Toi*, je m'appelle Amadou.

Activité 2 L'alphabet

What French words do the following letters spell? Write them out.

1. bé – o – enne – ji – o – u – erre   _____

2. dé – e – u – ixe   _____

3. Ji – e – a – enne   _____

4. cé – o – emme – emme – e – enne – té   _____

5. a – pé – pé – e – elle – elle – e   _____

Activité 3 Les chiffres

Choose the numbers that precede and follow the numbers in bold.

1. *un / quatre*, **cinq**, *huit / six*
2. *trois / huit*, **neuf**, *un / dix*
3. *zéro / quatre*, **un**, *cinq / deux*
4. *dix / trois*, **quatre**, *sept / cinq*
5. *deux / cinq*, **trois**, *huit / quatre*

B

Activité 1 Salutations

Circle the best response to each statement or question.

1. —Bonjour, Nathalie!
   —*Comment t'appelles-tu? / Bonjour, Nicolas!*

2. —Comment t'appelles-tu?
   —*Je m'appelle Juliette. / Bonjour!*

3. —Moi, je m'appelle Trinh. Et toi?
   —*Bonjour, Trinh! / Je m'appelle Nicole.*

Nom _____

Classe _____ Date _____ _____

Discovering
FRENCH
Nouveau!

B L E U

Activité 2 L'alphabet

What French words do the following letters spell? Write them out.

1. a – pé – pé – e – elle – elle – e – esse   _____

2. Emme – o – enne – i – ku – u – e   _____

3. hache – u – i – té   _____

4. u – enne – e   bé – i – esse – e   _____

5. elle – e – esse   a – emme – i – esse   _____

Activité 3 Les chiffres

Write the correct answer to each of the following additions.

1. un + un = _____   4. trois + trois = _____

2. un + quatre = _____   5. trois + quatre = _____

3. quatre + quatre = _____

C

Activité 1 Salutations

Complete the following exchanges.

1. —Bonjour !   3. —_____?

—_____!   —Je m'appelle Nicole.

2. —Je m'appelle Marc. _____?

—Je m'appelle Stéphane.

Activité 2 L'alphabet

Complete the names below, making sure you include the proper accents.

1. J__an-Luc   4. C__line

2. No__l   5. Hél__ne

3. Fran__ois   6. Jér__me

Activité 3 Les maths

You are teaching your little brother how to add in French. Complete the following simple math problems by writing them out.

1. 8 + 2 = ?   _____ et _____ font *(make)* _____.

2. 5 + 3 = ?   _____ et _____ font _____.

3. 1 + 6 = ?   _____ et _____ font _____.

4. 4 + 5 = ?   _____ et _____ font _____.

5. 2 + 4 = ?   _____ et _____ font _____.

Nom _____

Classe _____ Date _____

Discovering FRENCH *Nouveau!*

BLEU

LEÇON 1B Tu es français?

A

Activité 1 Présentations

Circle the words that best complete the dialogues.

1. —Bonjour, je m'appelle Margaret.
   Je suis *anglais / anglaise*.
   —Bonjour! Je m'appelle Roger.
   Je suis anglais *aussi / ou*.

2. —Tu es française *aussi / ou* canadienne?
   —*Je suis / Tu es* canadienne.
   —Moi *aussi, / ou*, je suis canadien.
   —*Je suis de / Tu es de* Québec. Et toi?
   —*Moi, / Toi, je suis de / tu es de* Montréal.

Activité 2 Les nationalités

How might these people identify their nationalities?

1. Frédéric   «Je suis *canadien / canadienne*.»

2. Anne   «Je suis *français / française*.»

3. Caitlin   «Je suis *américain / américaine*.»

4. Stéphane   «Je suis *français / française*.»

5. Elisabeth   «Je suis *anglais / anglaise*.»

6. Pam   «Je suis *canadien / canadienne*.»

Activité 3 Les chiffres

Counting by twos, circle the next number in the series.

1. cinq, sept, *onze / neuf*
2. douze, quatorze, *seize / onze*
3. seize, dix-huit, *treize / vingt*

4. treize, quinze, *dix-sept / dix-neuf*
5. onze, treize, *quatre / quinze*

B

Activité 1 Présentations

Enter the correct questions and responses in the cartoon bubbles.

Nom _____

Classe _____ Date _____

Discovering
FRENCH
Nouveau!
B L E U

Activité 2 Les nationalités

Complete the following sentences with the correct nationalities.

1. Marie est de Marseille. Elle est _____.

2. Andrew est de Londres. Il est _____.

3. Daniel est d'Orlando. Il est _____.

4. Caroline est de Québec. Elle est _____.

Activité 3 Les chiffres

Enter the missing numbers in the series.

1. sept, neuf, _____, treize

2. huit, dix, _____, quatorze

3. quatorze, _____, dix-huit, vingt

4. treize, _____, dix-sept, dix-neuf

5. cinq, dix, _____

C

Activité 1 Présentations

Introduce yourself by responding to the following questions.

1. —Bonjour! Comment t'appelles-tu? —_____

2. —Moi, je suis français. Et toi? —_____

3. —Tu es de Los Angeles? —_____

Activité 2 Les nationalités

Bertrand is meeting people at an international event and he keeps mistaking their nationalities. Complete the dialogues below.

1. —Jacques, tu es français?

   —Non, je suis _____. Je suis de Québec.

2. —Tu es italienne?

   —Non, je suis _____. Je suis de Rouen.

3. —Je suis français. Et toi, Nicole?

   —Moi, je suis _____. Je suis de Miami.

4. —Tu es américain?

   —Non, je suis _____. Je suis de Londres.

Activité 3 Les maths

You are teaching your little brother how to subtract in French. Write out the numbers.

1. 18 – 12 = 6   _____ moins *(minus)* _____ font *(make)* _____.

2. 16 – 2 = 14   _____ moins _____ font _____.

3. 15 – 10 = 5   _____ moins _____ font _____.

Discovering
FRENCH
Nouveau!

B L E U

Unité 1
Leçon 1C

Activités pour tous

LEÇON 1C Salut! Ça va?

A

Activité 1 Dialogue

In the cartoon strip below, circle the words that best complete the dialogue.

Activité 2 Ça va?

Match people's expressions to the corresponding words or phrases.

a.   b.   c.   d.

____ 1. bien   ____ 2. mal   ____ 3. très bien   ____ 4. comme ci, comme ça

Activité 3 Les chiffres

Add ten to the following numbers and select the correct answers.

1. vingt, *soixante / trente*
2. dix-neuf, *quarante-neuf / vingt-neuf*
3. quarante-trois, *cinquante-trois / treize*
4. vingt et un, *soixante / trente et un*

B

Activité 1 Tu ou vous?

Which expression would you choose to ask these people how they are?

a. **Comment vas-tu?**   b. **Comment allez-vous?**

_____ 1. Mme Delorme   _____ 2. Stéphane   _____ 3. M. Poulain

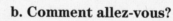

**Discovering
FRENCH**
Nouveau!

B L E U

Activité 2 Les maths

You are teaching your little sister how to add large numbers in French. Write out the numbers.

1. 21 + 12 = ? _____ et _____ font *(make)* _____.

2. 16 + 30 = ? _____ et _____ font _____.

3. 20 + 40 = ? _____ et _____ font _____.

Activité 3 Ça va?

Choose the best response to each statement or question.

_____ 1. Salut, François!

_____ 2. Au revoir, madame.

_____ 3. Ça va, David?

_____ 4. Comment allez-vous?

a. Au revoir, Catherine.

b. Comme ci, comme ça.

c. Salut! Ça va?

d. Très bien, monsieur, merci.

C

Activité 1 Dialogue

Complete the following dialogue.

Activité 2 Les contraires

Write the opposite of each word or expression.

1. Au revoir! _____

2. Madame _____

3. Bien _____

4. Oui _____

Activité 3 L'âge

Based on the year of their birth, write out these people's ages in 2000.

1. Sophie Marchand (née en 1979) _____

2. Mme Lainé (née en 1940) _____

3. M. Simoneau (né en 1958) _____

4. Karine Thibault (née en 1985) _____

Nom _____

Classe _____ Date _____

LEÇON 2A Copain ou copine?

A

Activité 1 Dialogue

Circle words to complete the dialogue.

Salut / Voilà, Paul! Ça va bien?

Oh, ça va. *Tiens / Bien!* Voilà Jean.

C'est *un copain / une copine.*

Jean? *Comment vas-tu? / Qui est-ce?*

Oui, ça va *mal / bien.* Et toi?

Activité 2 Qui est-ce?

Circle each opposite.

 1. C'est un copain?
Non, c'est *une copine / un ami.*

 2. C'est une fille?
Non, c'est *un prof / un garçon.*

 3. C'est une prof?
Non, c'est *un monsieur / un prof.*

 4. C'est une dame?
Non, c'est *un monsieur / un prof.*

Activité 3 Les salles de classe

Write out the foreign language teachers' room numbers.

1. M. Beauregard est dans la classe _____ . [67]
2. Sra. Hernandez est dans la classe _____ . [72]
3. Herr Schmidt est dans la classe _____ . [71]
4. Signora Peretti est dans la classe _____ . [68]

B

Activité 1 Dialogue

Select words to complete the dialogue.

PHILIPPE: _____, madame.

MME DULAC: Bonjour, Philippe. Ça va bien?

PHILIPPE: Oui, ça va très bien. Ah, _____! _____ Claude.

MME DULAC: Claude? Qui _____?

PHILIPPE: C'est _____.

voilà
bonjour
un ami
est-ce
tiens

Nom _____

Classe _____ Date _____

Discovering
FRENCH
Nouveau!

B L E U

Activité 2 Qui est-ce?

Select words to indicate who people are.

une dame   un monsieur   une fille   un garçon

1. _____ 2. _____ 3. _____ 4. _____

Activité 3 Un numéro de téléphone

Write out the telephone number below.

| 01.30.60.44.20 |

C

Activité 1 Une rencontre

Complete the following short dialogue.

—Salut, Patrick! Ça va?

—Oui, ça va _____, merci. Et _____?

—Comme _____. Tiens, voilà Claudine.

—Claudine? Qui _____?

—C'est _____.

Activité 2 Qui est-ce?

Answer the question **Qui est-ce?** by identifying people in two ways.

Modèle: *C'est un copain.*
Il est français.
Marc

2. _____ M. Bouleau _____

1. _____ Mme Meursault

3. _____ Lisa _____

Activité 3 Des numéros de téléphone

Write out the telephone numbers below.

1. | 01.64.42.50.12 |
2. | 01.47.68.30.51 |

Nom _____

Classe _____ Date _____

Discovering
FRENCH
Nouveau!

BLEU

Unité 1
Leçon 2B

Activités pour tous

LEÇON 2B Une coïncidence

A

Activité 1 Dialogue

Select the words that best complete the dialogue.

—Tu connais *le / la* garçon *voilà / là-bas?*
—*Oui / Non.* Comment s'appelle-t-il?
—*Il / Elle* s'appelle Lewis.
—Il est *américain / américaine?*
—Non, *il / elle* est de Londres.

Activité 2 Les articles définis

Circle the article that agrees with the noun.

1. *le / la / l'* dame
2. *le / la / l'* amie
3. *le / la / l'* monsieur
4. *le / la / l'* fille
5. *le / la / l'* garçon
6. *le / la / l'* ami

Activité 3 L'inflation

Adjust the following prices for inflation by adding 3 € to the given price.

1. quatre-vingt-quatre euros > *quatre-vingt-sept / quatre-vingt-onze* euros
2. quatre-vingt-cinq euros > *quatre-vingt-neuf / quatre-vingt-huit* euros
3. quatre-vingt-treize euros > *quatre-vingt-six / quatre-vingt-seize* euros
4. quatre-vingt-seize euros > *quatre-vingt-dix-neuf / quatre-vingt-huit* euros

B

Activité 1 Une fête

These are questions asked at a party in honor of this year's exchange students. Select the best answer to each question.

1. —Tu connais le garçon là-bas?
   —Non, *qui est-ce? / c'est Pierre.*

2. —Comment t'appelles-tu?
   —*Elle s'appelle Chantal. / Je m'appelle Louise.*

3. —Est-ce que la fille là-bas est française?
   —Oui, *elle est de Nice. / elle s'appelle Annette.*

4. —Qui est-ce?
   —*Il s'appelle Marc. / C'est un copain, Marc.*

5. —Ça va?
   —*Non, merci. / Oui, ça va.*

Nom _____

Classe _____ Date _____

Activité 2 Les articles

Identify the two articles that could be used with each noun.

le	la	l'	un	une

1. dame _____ _____
2. garçon _____ _____
3. fille _____ _____
4. amie _____ _____
5. ami _____ _____
6. monsieur _____ _____

Activité 3 Les chiffres

Write out the underlined number in the following locker combinations.

1. 73 - 26 - <u>70</u> _____
2. <u>84</u> - 35 - 59 _____
3. 61 - 42 - <u>96</u> _____
4. <u>56</u> - 16 - 78 _____

C

Activité 1 Questions

Answer the following questions about your French teacher.

1. Comment s'appelle-t-il/elle? _____
2. Il/Elle est canadien(ne)? _____
3. Il/Elle est de Québec? _____

Activité 2 Les articles définis: *le, la, l'*

Write the appropriate article in front of each word.

1. _____ monsieur
2. _____ ami
3. _____ garçon
4. _____ dame
5. _____ fille
6. _____ amie

Activité 3 L'âge

The following people are listed with their current ages. How old will they be in ten years? Simply write out the correct numbers in the blanks.

1. Monsieur Simon a soixante-dix ans. _____
2. Madame Durant a soixante-dix-neuf ans. _____
3. Madame Martin a quatre-vingt-six ans. _____
4. Monsieur Cardin a quatre-vingt-cinq ans. _____
5. Madame Polynice a quatre-vingt-dix ans. _____

Nom _____

Classe _____ Date _____

Discovering FRENCH *Nouveau!*

BLEU

Unité1
Leçon 2C

Activités pour tous

LEÇON 2C Les photos d'Isabelle

A

Activité 1 La famille

Match male and female family members by category.

_____ 1. un frère   _____ 3. une tante   a. le père   c. une grand-mère

_____ 2. la mère   _____ 4. un grand-père b. un oncle   d. une soeur

Activité 2 Dialogues

Select the words that complete the following dialogues correctly.

1. —Comment s'appelle *ton / ta* amie?
   —*Il / Elle* s'appelle Gisèle.

2. —Est-ce que c'est *ton / ta* père?
   —Oui, c'est *mon / ma* père.

3. —Quel âge a *ton / ta* cousin?
   — *Il / Elle* a quinze ans.

4. —Dominique, c'est *un / une* garçon?
   —C'est *mon / ma* cousine.

Activité 3 Les anniversaires

Circle the correct possessive adjectives, then write down people's ages.

1. *Mon / ma* amie a _____ ans.

2. *Mon / ma* père a _____ ans.

3. *Mon / ma* Tante Sophie a _____ ans.

4. *Mon / ma* petit frère a _____ ans.

B

Activité 1 La famille

For each number, circle the correct statement.

① C'est mon cousin. / C'est mon frère.

② C'est ma mère. / C'est ma tante.

③ C'est ma soeur. / C'est ma cousine.

④ C'est mon père. / C'est mon grand-père.

⑤ C'est mon oncle. / C'est ma grand-mère.

Activité 2 L'âge

Enter the correct form of **avoir** to complete each sentence.

1. Mon frère _____ vingt ans.

2. Moi, j'_____ quinze ans.

3. Ma tante _____ quarante-deux ans.

4. Quel âge _____-tu?

Nom _____

Classe _____ Date _____ _____

Discovering
FRENCH
Nouveau!

B L E U

Activité 3 Dialogue

Select the words that best complete the dialogue.

—Est-ce que _____ as _____ chien?

—Oui. _____ s'appelle Pitou. Et _____? _____ as _____ chien _____ ?

—Non. J'ai _____ chat.

—Comment s'appelle _____ chat?

—_____ s'appelle Pompon.

| il |
| aussi |
| ton |
| un |
| tu |
| toi |

C

Activité 1 La famille

Introduce each family member identified by a number.

① _____
② _____
③ _____
④ _____
⑤ _____

Activité 2 Qui est-ce?

Complete the following dialogues with possessive adjectives.

—Qui est-ce?

—C'est _____ mère.

—C'est _____ père?

—Oui, c'est mon père.

—C'est ton chat?

—Oui, c'est _____ chat.

—C'est _____ cousine?

—Oui, c'est ma cousine.

Activité 3 L'âge

Making complete sentences, answer the following questions.

1. Quel âge a ta grand-mère? _____

2. Quel âge a ton oncle? _____

3. Quel âge a ta prof? _____

Nom _____

Classe _____ Date _____

Discovering FRENCH *Nouveau!*

B L E U

Unité 1 Resources

Activités pour tous Reading

UNITÉ 1   Reading Comprehension

A

Compréhension

A

B

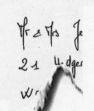

Mr. and Mrs J.F. MENARD
21 Hedgerow lan___
Westwoo___

1. What town or city was Letter A sent from? _____

2. How much did the Letter A stamp cost in euros? _____

3. What town or city was Letter B sent from? _____

4. When was it sent? Write out the date in English. _____

5. How much did the Letter B stamp cost in euros? _____

Qu'est-ce que vous en pensez?

1. What do you think is the nationality of the sender of Letter B?

   américaine   canadienne   française

2. Considering the date on Letter B, do you think it was sent to wish someone a:

   Merry Christmas   Happy New Year   Happy Birthday

3. What is the exchange rate of the euro vs. the U.S. dollar? Does the stamp on Letter B appear comparable with or much different from what it would cost in the U.S.?

Nom _____

Classe _____ Date _____

Discovering
FRENCH
Nouveau!

BLEU

```
┌──────────────────────────────────────────────────┐
│              CARTE DE DÉBARQUEMENT                 │
│              DISEMBARKATION CARD                   │
│                                                    │
│     ne concerne pas les voyageurs de nationalité française │
│     ni les ressortissants des autres pays membres de la C.E.E. │
│         not required for nationals of France nor for other │
│                nationals of the E.E.C. countries. │
│                                                    │
│  1  Nom :   BROWN                                  │
│     NAME (en caractère d'imprimerie – please print) │
│                                                    │
│        Nom de jeune fille :  WOODS                 │
│        Maiden name                                 │
│                                                    │
│        Prénoms :  HELENE                           │
│        Given names                                 │
│                                                    │
│  2  Date de naissance :  10 / 06 / 70              │
│     Date of birth      (quantième) (mois) (année) (day) (month) (year) │
│                                                    │
│  3  Lieu de naissance :  CAMBRIDGE, MA             │
│     Place of birth                                 │
│                                                    │
│  4  Nationalité :  USA                             │
│     Nationality                                    │
│                                                    │
│  5  Profession :  PHOTOGRAPHE                      │
│     Occupation                                     │
│                                                    │
│  6  Domicile :  1364 MAPLE LANE                    │
│     Address                                        │
│                 RIDGEWOOD, NJ 07450                │
│                                                    │
│  7  Aéroport ou port d'embarquement :  NEWARK, NJ  │
│     Airport or port of embarkation                 │
│                                                    │
│                                                    │
│  La loi numéro 78-17 du 6 Janvier 1978 relative à l'informatique, aux fichiers et aux │
│  libertés s'applique aux réponses faites à ce document. Elle garantit un droit d'accès │
│  et de rectification pour les données vous concernant auprès du Fichier National │
│  Transfrontière – 75, rue Denis Papin – 93500 PANTIN. Les réponses ont pour objet │
│  de permettre un contrôle par les services de police des flux de circulation avec certains │
│  pays étrangers. Elles présentent un caractère obligatoire au sens de l'article 27 de │
│  la loi précitée.                                  │
│                                                    │
│            MOD. 00 30 00 03 00 I.C.P.N. Roubaix 99 │
└──────────────────────────────────────────────────┘
```

B

Compréhension

1. How would you categorize this person?

   un homme   une femme   un garçon   une fille

2. What is this person's birthday?

   October 6, 1970   June 10, 1970

3. How would this person introduce himself or herself to a peer?

   Salut, je m'appelle . . .   Bonjour, Madame / Monsieur. Je m'appelle . . .

4. What does **naissance** mean?   _____

5. What does **domicile** mean?   _____

Qu'est-ce que vous en pensez?

1. When does one need to present this card?

   when leaving France   when entering France

2. What is this person's profession?   _____

3. What does **nom de jeune fille** mean?   _____

Nom _____

Classe _____ Date _____

Discovering
FRENCH *Nouveau!*

B L E U

Unité 1
Resources

Activités pour tous
Reading

C

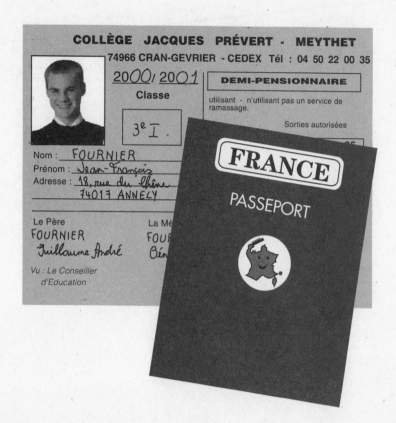

Compréhension

1. What nationality is the student? _____

2. What city does he live in? _____

3. What grade is the student in? _____

4. What grade would the student be in the U.S.? _____

5. What is the name of his school? _____

Qu'est-ce que vous en pensez?

1. What do you think a **collège** is equivalent to in the United States?

   Middle School   High School   College   Graduate School

2. Where would the student use this card? _____

3. Who is Jacques Prévert? _____

Nom _____

Classe _____ Date _____

Discovering
FRENCH
Nouveau!

BLEU

Unité 2
Leçon 3A

Activités pour tous

Unité 2. La vie courante

LEÇON 3A   Tu as faim?

A

Activité 1 Les articles

Select the correct articles.

1. *le / la / l'* croissant   3. *le / la / l'* omelette   5. *le / la / l'* steak-frites

2. *le / la / l'* pizza   4. *le / la / l'* hamburger   6. *le / la / l'* glace

Activité 2 Qu'est-ce que c'est?

Identify the following foods using the correct articles. Ex.:   *un sandwich*

steak-frites   glace   omelette   salade

1. _____   3. _____

2. _____   4. _____

Activité 3 Dialogue

Select the words that best complete the following dialogue.

—Bernard, *tu as / j'ai* faim?
—*Oui / non*, j'ai faim.
—Qu'est-ce que *tu veux / je voudrais*?
—*Tu veux / Je voudrais* un hamburger, une salade et une glace.
—Oh là là. *Tu as / J'ai* vraiment faim, Bernard.

B

Activité 1 Questions

Select the correct question for each response.

1. Q: _____

   R: Un croissant.

2. Q: _____

   R: Oui, très! Et toi?

3. Q: _____

   R: Oui, merci beaucoup!

> **Tu as faim?**
>
> **Tu veux un sandwich?**
>
> **Qu'est-ce que tu veux?**

Nom _____

Classe _____ Date _____

Activité 2 Dialogue

Circle the statements that best complete the dialogue.

—Tu as faim?
—*Non, merci. / Oui, j'ai faim.*
—Qu'est-ce que tu veux, une crêpe ou un sandwich?
—*Je voudrais un sandwich, s'il te plaît. / Oui, merci, j'ai faim.*
—Tu veux aussi une glace?
—*J'ai très faim! / Oui, donne-moi une glace.*

Activité 3 Les repas

You are in Paris: select the foods that you eat for breakfast, lunch, and dinner.

steak-frites   croissant   salade   sandwich au jambon   glace

1. _____

2. _____ et
_____

3. _____ et
_____

C

Activité 1 Questions

Write a logical question for each response.

1. _____
   Oui, j'ai faim.

2. _____
   Donne-moi un sandwich au jambon, s'il te plaît.

Activité 2 Les articles indéfinis

Write the appropriate word for "a" before each word.

Modèle: un hot dog et une pizza

1. _____ steak et _____ salade   3. _____ hamburger et _____ crêpe

2. _____ sandwich et _____ glace   4. _____ croissant ou _____ omelette

Activité 3 La nourriture

Request or offer the following foods, using the right form of address.

1. 🍨 (Virginie) (you offer) _____

2. 🍖 (Waiter) (you ask) _____

3. 🥖 (Bruno) (you ask) _____

Nom _____

Classe _____ Date _____

Discovering
FRENCH
Nouveau!
BLEU

Unité 2
Leçon 3B
Activités pour tous

LEÇON 3B Au café

A

Activité 1 Dialogue

Select the words that best complete the dialogue.

—Tu as _____?

—Oui, très. Je _____ une limonade.

—Tu as _____ aussi?

—Oui. S'il te plaît, _____ un sandwich au jambon.

| soif |
| voudrais |
| donne-moi |
| faim |

Activité 2 Formules de politesse

Are the phrases spoken to a friend (a) or to someone you don't know well (b)?

_____ 1. Donnez-moi . . .   _____ 4. Vous désirez?   _____ 7. S'il vous plaît!

_____ 2. S'il te plaît!   _____ 5. Qu'est-ce que tu veux?   _____ 8. Tu as soif?

_____ 3. Excusez-moi.   _____ 6. Donne-moi . . .

Activité 3 Les boissons

Select the drinks that people in France would logically choose in the following situations.

une limonade   un café   un jus de raisin   un chocolat

1. The children have just come in from building a snowman. _____

2. It's August and two friends have just played tennis. _____

3. The family has just finished lunch. _____

B

Activité 1 Dialogue

Circle the words that best complete the dialogue.

—Bonjour, mademoiselle. Vous désirez?
—J'ai bien soif. *Une limonade / Une crêpe*, s'il vous plaît.
—Et pour vous, monsieur?
—Je voudrais *un café / une pizza*. J'ai très faim!
—Et avec ça?
—*Donne-moi / Donnez-moi* un soda, s'il vous plaît.

Activité 2 La bonne réponse

Match the following questions with the appropriate responses.

_____ 1. Vous désirez?

_____ 2. On va dans un café?

_____ 3. C'est pour vous, madame?

a. Non, c'est pour moi.

b. Oui, d'accord.

c. Un croissant et un café, s'il vous plaît.

Nom _____

Classe _____ Date _____

Discovering
FRENCH
Nouveau!

B L E U

Activité 3 Les boissons

Identify each food and drink. Then circle the drink you'd prefer with each food.

Modèle: _un chocolat_   _une pizza_   _un soda_

1. _____   _____   _____

2. _____   _____   _____

3. _____   _____   _____

C

Activité 1 Les boissons

Imagine you are in a café with a friend at the following times. Order food and drinks for both of you, making selections from the illustrations in the activity above.

1. 12:30 _____

2. 18:00 _____

Activité 2 Questions et réponses

Write responses to the following comments or questions.

1. Tu as soif? _____

2. On va dans un café? _____

3. Vous désirez, mademoiselle/monsieur? _____

Activité 3 Au café

Complete the following dialogue.

Serveur: _____

Anna: Je voudrais une limonade, s'il vous plaît.

Serveur: _____

Paul: Pour moi, un sandwich au jambon.

Serveur: _____

Paul: Un jus d'orange, s'il vous plaît.

Nom _____

Classe _____ Date _____

Discovering
FRENCH
Nouveau!
B L E U

LEÇON 3C Ça fait combien?

A

Activité 1 Dialogue

Circle words to complete the dialogue.

—Combien coûte le hamburger?
—*Il / Elle* coûte 5 €.
—Et la glace?
—*Il / Elle* coûte 2 €.
—C'est combien, le jus de pomme et le café?
—*Ça fait / Prête-moi* 10 €.

Activité 2 Le bon prix

Estimate the total price of each food order.

_____ 1. une glace   a. 7 €

_____ 2. un hamburger et   b. 3 €
            un soda
                                                      c. 14 €

_____ 3. un steak-frites, une   d. 21 €
            salade et un café

_____ 4. deux pizzas et deux jus de pomme

Activité 3 C'est combien?

Write the prices in full.

1. 6€25   _____

2. 5€20   _____

3. 2€05   _____

B

Activité 1 Dialogue

Circle words to complete the dialogue.

—*Combien coûte / Voici* le sandwich?
—*Il coûte / Prête-moi* cinq euros.
—*Donne-moi / Donnez-moi* aussi un jus de raisin. C'est combien?
—*Ça fait / Combien coûte* sept euros quarante.

Activité 2 Phrases à compléter

Match the first part of each sentence with its most logical conclusion.

_____ 1. Voyons, une limonade et une pizza, . . .   a. 10 €, s'il te plaît.

_____ 2. Dis, Karine, prête-moi . . .   b. je voudrais une omelette et un café.

_____ 3. Zut! Où est . . .   c. ça fait 9 €.

_____ 4. S'il vous plaît, monsieur, . . .   d. mon porte-monnaie?

Activité 3 Au menu

Estimate and write in full the correct price for each order.   12 €   4 € 50   3 €

1.   2.   3.

Ça fait _____.   Ça fait _____.   Ça fait _____.

Nom _____

Classe _____ Date _____

C

Activité 1 Les prix

Write out how much each item costs, using **il** or **elle**.

1. _____

2.  _____

3. _____

4. _____

Activité 2 Ça fait combien?

As each person orders, tell them how much they will have to pay.

1.   2.   3.

Anna   *Philippe*   *Marc*

_____   _____   _____

_____   _____   _____

Activité 3 S'il te plaît . . .

Your friends all ask you to lend them money to make up their totals! Fill in the blanks.

1.

—J'ai 5 €. _____

3.

—J'ai 5 € 50. _____

2.

—J'ai 2 € 50. _____

4.

—J'ai 4 € 25. _____

Nom _____

Classe _____ Date _____

LEÇON 4A L'heure

A

Activité 1 Dialogue

Select the words that best complete the dialogue.

—Salut, Brigitte. On va dans un café?
—Oui, *merci / d'accord*. Mais quelle heure *c'est / est-il*?
—*Il est / C'est* deux heures et demie.
—Bon. *J'ai / Je suis* une heure.

Activité 2 Quand?

When are the following activities taking place?

a. le matin	b. l'après-midi	c. le soir

_____ 1. Le concert de rock est à huit heures et demie.

_____ 2. Le rendez-vous chez le dentiste est à dix heures et quart.

_____ 3. L'examen de maths est à neuf heures.

_____ 4. Le rendez-vous au café est à une heure.

Activité 3 L'heure

Your friend George is always ten minutes late. If he is due to arrive at the times shown on the watch, when will he probably arrive? Circle the correct answers.

1. `12:50`

   une heure /
   une heure dix

2. `2:05`

   deux heures et quart /
   une heure moins cinq

3. `4:35`

   quatre heures et demie /
   cinq heures moins le quart

B

Activité 1 Questions et réponses

Match the answers to the questions.

_____ 1. Quelle heure est-il?   a. Il est à 8h.

_____ 2. À quelle heure est le film?   b. Non, il est à 2h.

_____ 3. Le match est à une heure?   c. Il est 10h.

Nom _____

Classe _____ Date _____

Discovering
FRENCH
Nouveau!

B L E U

Activité 2 Dialogues

Circle the correct expressions.

1. Le film est à huit heures *du soir / de l'après-midi.*

2. Le train pour New York est à sept heures *de l'après-midi / du matin.*

3. Le match de hockey est à deux heures *du matin / de l'après-midi.*

Activité 3 Les cours

What time do Stéphanie's classes start? Write down the times.

français 8:25   *histoire* 9:30   *géométrie* 10:45

à _____   à _____   à _____

C

Activité 1 Questions

Mélanie and Sophie are talking about Sophie's plans for the day. Write the questions that
would produce the following responses.

1. —_____

—Il est dix heures du matin.

2. —_____

—Mon rendez-vous est à deux heures.

3. —_____

—Le film est à huit heures.

Activité 2 L'heure

State whether the following times are in the morning, afternoon, or evening.

1. 10:00   2. 3:00   3. 7:00

Il est dix heures   Il est trois heures   Ma famille dîne à sept heures

_____.   _____.   _____.

Activité 3 Ma journée

Write out the times you typically do the following activities.

1. get up _____

2. eat breakfast _____

3. go to school _____

Nom _____

Classe _____ Date _____

Discovering FRENCH *Nouveau!*

BLEU

Unité 2
Leçon 4B
Activités pour tous

LEÇON 4B   Le jour et la date

A

Activité 1   Dialogue

Select the words that best complete the dialogues.

—Quelle est *la date / le jour*, aujourd'hui?

—*Aujourd'hui, / Demain*, c'est *le un / le premier* avril.

—C'est ton anniversaire?

—Non, *mon / ton* anniversaire est *aujourd'hui / demain*.

Activité 2   Les mois

Tell what month the following events take place.

Modèle: (Super Bowl)   *C'est en janvier.*

(Halloween)   _____

(Mother's Day)   _____

(Bastille Day)   _____

(Christmas)   _____

Activité 3   La date

Circle the date in French that does not fit in with the others because it is out of season.

1. 10/01	03/05	05/02		3. 01/10	06/09	02/01
2. 02/04	07/05	08/10		4. 05/02	04/08	12/07

B

Activité 1   Questions et réponses

Select the best answer to each question.

_____ 1. —Quelle est la date, aujourd'hui?   a. —C'est demain.

_____ 2. —C'est quand, ton anniversaire?   b. —C'est mercredi.

_____ 3. —Quel jour est-ce aujourd'hui?   c. —C'est le deux novembre.

Activité 2   L'intrus

Which words do not belong with the others?

1. jeudi / dimanche / août   4. demain / aujourd'hui / mai
2. le vingt / janvier / juillet   5. le premier / mars / le treize
3. vendredi / le seize / jeudi

Nom _____

Classe _____ Date _____

Activité 3 La date

Match the date associated with the following people or events.

____ 1. le trente et un octobre   a. George Washington's Birthday

____ 2. le premier avril   b. Bastille Day

____ 3. le vingt-deux février   c. Halloween

____ 4. le quatorze juillet   d. April Fools' Day *(Poisson d'avril)*

C

Activité 1 Quel jour est-ce?

Your friend is off by a day. Answer the questions.

1. —Aujourd'hui, c'est mardi? —Non, _____

2. —L'examen de science, c'est aujourd'hui? —Non, _____

3. —Ton anniversaire, c'est le vingt? —Non, _____

Activité 2 La poste

Write out the dates that these letters were mailed.

1.  _____

3.  _____

2.  _____

4.  _____

Activité 3 La date

Write the day and date that is two days later than the one given.

1. vendredi douze juin   _____

2. mardi trente et un octobre _____

3. jeudi dix-neuf août   _____

Nom _____

Classe _____ Date _____

Discovering FRENCH *Nouveau!*

BLEU

Unité 2
Leçon 4C

Activités pour tous

LEÇON 4C Le temps

A

Activité 1 Le temps

Circle the words that complete the dialogue.

—Quel temps *fait-il / est-ce?*

—*Il pleut. / Il est trois heures.*

—*Pas possible! / À quelle heure?*

—*Pourquoi? / L'après-midi.*

—Parce que le match de *tennis / hockey* est *aujourd'hui / demain!*

Activité 2 Les saisons

Match the seasons with the following dates in French.

le printemps	l'été	l'automne	l'hiver

1. le quatre juillet _____

2. le vingt-cinq décembre _____

3. le vingt-huit novembre _____

4. le quinze juin _____

Activité 3 La météo

Circle the most logical weather expression for each activity.

1.

Il fait frais.
Il fait chaud.

2.

Il fait froid.
Il pleut.

3.

Il fait mauvais.
Il neige.

4.

Il fait bon.
Il fait froid.

B

Activité 1 Questions et réponses

Choose the best answer to each question.

1. —Quel temps fait-il aujourd'hui?
   —*Il fait beau. / C'est l'hiver.*

   —Et demain?
   —*Il fait bon aussi. / C'est le printemps.*

2. —En quelle saison est le Super Bowl?
   —*En hiver. / Au printemps.*

3. —On va au café aujourd'hui?
   —*Non, il pleut! / Oui, il neige.*

Nom _____

Classe _____ Date _____

Activité 2 La météo

Circle the *best* word or expression for each picture.

 1.

Il fait beau.
Il fait mauvais.
Il pleut.

 2.
32°F   0°C

Il fait chaud.
Il fait froid.
Il fait frais.

 3.

Il neige.
Il fait froid.
Il pleut.

4.

Il fait chaud.
Il fait mauvais.
Il fait beau.

Activité 3 Questions

Determine whether the following terms refer to the weather, seasons, or days.

_____ 1. dimanche

_____ 2. il pleut

_____ 3. il fait beau

_____ 4. le printemps

_____ 5. mercredi

_____ 6. l'été

> a. la météo
> b. les saisons
> c. les jours

C

Activité 1 Le temps

Write two sentences that describe the weather conditions in the areas given.

1. Quel temps fait-il à Québec en hiver? _____

2. Quel temps fait-il à Orlando en été? _____

3. Quel temps fait-il à Seattle au printemps? _____

Activité 2 Catégories

Write the words from the following list under the appropriate heading.

Il fait mauvais.   dimanche   Il neige.   janvier
l'été   vendredi   août   le printemps

la météo	les saisons	les jours	les mois
_____	_____	_____	_____
_____	_____	_____	_____

Activité 3 La météo

For each picture, write two short sentences stating the season and weather condition.

 1.

 2.
80°F   27°C

 3.

 4.
45°F   7°C

_____   _____   _____   _____
_____   _____   _____   _____

Nom _____

Classe _____ Date _____

Discovering
FRENCH
Nouveau!

B L E U

Unité 2
Resources

Activités pour tous
Reading

UNITÉ 2   Reading Comprehension

A

A. **LA TOUR DE JADE**
Restaurant
Cuisine vietnamienne et chinoise de grande classe
Plat à emporter 碧玉臺 fermé le dimanche midi
20, rue de la Michodière - 75002 PARIS
Métro : Opéra ou Quatre Septembre **01 47 42 07 56**

B. *Le Flore en l'Ile*
SALON DE THE Glaces & Sorbets de la maison
RESTAURANT
GLACIER **Berthillon**
42, quai d'Orléans ouvert tous les jours de 8h à 2h
Ile Saint-Louis **01 43 29 88 27**
75004 PARIS Fax : 01 43 29 73 54

C. *Piccolo Teatro*
Restaurant végétarien
6, rue des Ecouffes - 75004 PARIS
01 42 72 17 79
Ouvert 12h-15h - 19h-23h30
Fermé lundi

Compréhension

1. Which of the three restaurants caters to Asian tastes?

   _____

2. If you don't eat meat, which restaurant would you prefer?

   _____

3. Which restaurant is open every day?

   _____

4. Between the two restaurants that list their hours, which opens earlier?

   _____

5. Which stays open later?

   _____

Qu'est-ce que vous en pensez?

1. What do you think **plat à emporter** means?
   take-out food   imported food

2. What do you think **de la maison** means?
   homemade food   house special

3. Judging by the postal codes, which two restaurants are probably closest to each other?
   A and B   B and C   A and C

Nom _____

Classe _____ Date _____

B

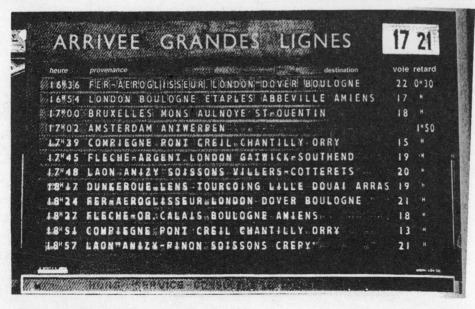

Compréhension

1. In 12-hour clock time, what time is it?
   Il est trois heures vingt et un.   Il est cinq heures vingt et un.

2. What time of day is it?
   le matin   l'après-midi

3. You would consult this board if you were:
   meeting someone   seeing someone off

4. Why isn't the arrival gate posted for the Amsterdam train?
   Because it was cancelled.   Because it is late.

5. What are the station stops for the train coming from Brussels?

   _____

Qu'est-ce que vous en pensez?

1. Do the trains seems to run, for the most part, on time or with delays? _____

2. Circle three other countries besides France that use this station.
   England   Belgium   Italy
   Germany   Netherlands   Spain

3. When talking about transportation, how would you say "origin" and "destination" in French?

   _____

Nom _____

Classe _____ Date _____

Discovering FRENCH *Nouveau!*

B L E U

Unité 2 Resources

Activités pour tous

Reading

C

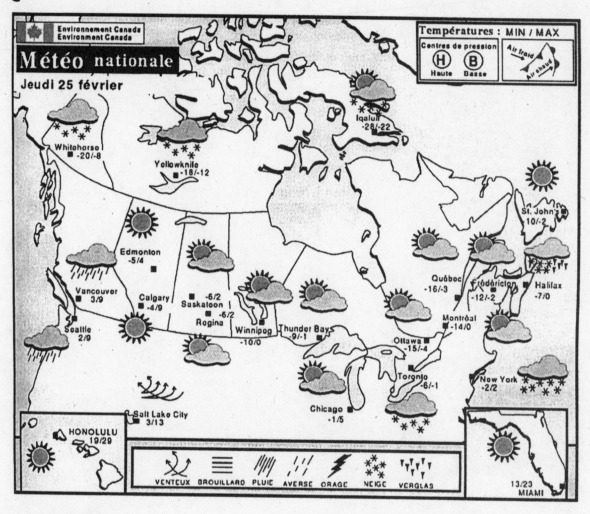

Compréhension

1. What day is it? _____

2. What month is it? _____

3. Are the temperatures in °F or °C? _____

4. How cold is the weather in Montreal, in °F [°F = (°C x 1.8) + 32]? _____

5. How cold is the weather in Vancouver, in °F [°F = (°C x 1.8) + 32]? _____

Qu'est-ce que vous en pensez?

1. What do you think **venteux** means in Canadian French?

   stormy   windy   foggy

2. What do you think **brouillard** means in French?

   fog   wind   rain

3. What do you think **pluie** means in French?

   fog   wind   rain

Unité 3. Qu'est-ce qu'on fait?

LEÇON 5 Le français pratique: Mes activités

A

Activité 1 J'aime . . . Je n'aime pas . . .

Fill in the blanks using the visual cues and either **j'aime** or **je n'aime pas**.

j'aime		je n'aime pas

1. —Moi, _____ étudier le français!

2. —Moi, _____ jouer au foot avec mes copains.

3. —Moi, _____ toujours jouer aux jeux vidéo.

4. —Moi, _____ dîner au restaurant.

5. —Moi, _____ toujours travailler.

Activité 2 Je veux . . . Je ne veux pas . . .

First fill in the blanks using the visual cues and either **je veux** or **je ne veux pas**. Then match the statement to the person most likely to have made it.

Je veux		Je ne veux pas

___ 1. _____ parler bien anglais.　　　　　　a. Venus Williams

___ 2. _____ parler avec le président.　　　　b. Penelope Cruz

___ 3. _____ nager.　　　　　　　　　　　　c. Céline Dion

___ 4. _____ jouer au tennis avec ma sœur.　d. Barbara Walters

___ 5. _____ chanter mes chansons.　　　　　e. Silvestre, le chat

Activité 3 Invitations

Are the following people accepting or declining an invitation?

1. Je voudrais bien jouer avec toi, mais je ne peux pas aujourd'hui.　accepting　declining

2. Oui, bien sûr. Merci pour l'invitation.　accepting　declining

3. Merci, mais je dois travailler vendredi soir.　accepting　declining

4. D'accord. Je veux bien.　accepting　declining

5. Je regrette, mais je ne peux pas.　accepting　declining

Nom _____

Classe _____ Date _____

Discovering
FRENCH
Nouveau!

BLEU

B

Activité 1 J'aime . . . Je n'aime pas . . .

First fill in the blanks with **J'aime** or **Je n'aime pas,** using the cues. Then match the beginning of each sentence with its logical conclusion.

☺ ____ 1. _____ parler français . . .   a. parce que mes amis sont là.

☺ ____ 2. _____ dîner au restaurant . . .   b. parce que je ne danse pas.

☹ ____ 3. _____ les boums . . .   c. parce que mon copain parle français.

☹ ____ 4. _____ voyager . . .   d. parce que j'aime manger.

☺ ____ 5. _____ aller au lycée . . .   e. parce que j'ai un chat à la maison.

Activité 2 Je veux . . . Je ne veux pas . . .

First fill in the blanks using the cues and either **je veux** or **je ne veux pas.** Then respond in complete sentences to the question: **Et toi?**

1. —Moi, _____ étudier ce soir.   Et toi?

   —_____

2. —Moi, _____ jouer au foot samedi.   Et toi?

   —_____

3. —Moi, _____ voyager en France.   Et toi?

   —_____

4. —Moi, _____ jouer au tennis avec toi. Et toi?

   —_____

5. —Moi, _____ travailler samedi après-midi. Et toi?

   —_____

Activité 3 Invitations

Taking your cue from the smile or the pout, choose the best response to each question.

1. Est-ce que tu veux jouer aux jeux vidéo? ☺
   a. Oui, bien sûr.   b. Oui, mais je ne peux pas.

2. Est-ce que tu peux aller au café avec nous? ☹
   a. D'accord. À tout à l'heure!   b. Non, je ne peux pas.

3. Est-ce que tu peux dîner au restaurant samedi soir? ☹
   a. Je regrette, mais je ne peux pas.   b. Je veux bien, merci.

4. Est-ce que tu veux regarder la télé avec moi? ☺
   a. Oui, je veux bien, mais je dois travailler.   b. Oui, d'accord.

C

Activité 1 J'aime . . . . Je n'aime pas . . .

Using the cues, write complete sentences about activities that you like or don't like to do.

1. ☺ À l'école, _____

2. ☺ Avec mes copains, _____

3. ☹ En hiver, _____

4. ☹ À la maison, _____

5. ☹ En été, _____

Activité 2 Je veux . . . Je ne veux pas . . .

Fill in the first blank with the correct verb for the activity shown. Then, using the cues, write sentences stating that you want or do not want to do the activities.

1. _____   ☺ _____

2. _____   ☺ _____

3. _____   ☹ _____

4. _____   ☹ _____

5. _____   ☺ _____

Activité 3 Invitations

Invite the following people to do certain activities. They either accept or decline the invitation.

1. Sylvie: danser avec toi

—_____ ?

—Oui, _____ .

2. Michel: parler espagnol avec toi

—_____ ?

—Je regrette, mais _____ .

3. Caroline: jouer aux jeux vidéo

—_____ ?

—Oui, mais _____ .

4. Frédéric: voyager avec toi

—_____ ?

—Oui, _____ !

Nom _____

Classe _____ Date _____ _____

Discovering
FRENCH
Nouveau!
BLEU

Unité 3
Leçon 6

Activités pour tous

LEÇON 6 Une invitation

A

Activité 1 Être ou ne pas être?

Circle the word that correctly completes each sentence.

1. Jean-Michel n'*es* / *est* pas en classe.
2. Je *suis* / *sommes* en ville.
3. Vous n' *êtes* / *es* pas d'accord avec moi?
4. Mes amies *est* / *sont* au cinéma.
5. Tu *es* / *suis* en vacances maintenant?
6. Ils ne *sommes* / *sont* pas à la maison.

Activité 2 Opinions

Circle the term that best describes how you feel about each question.

1. Janet Jackson chante bien, non?	Mais oui!	Mais non!	Comme ci, comme ça.
2. Est-ce que tu aimes la classe de français?	Mais oui!	Mais non!	Comme ci, comme ça.
3. Est-ce que tu danses bien?	Oui!	Non!	Comme ci, comme ça.
4. Est-ce que ton père joue bien au basket?	Mais oui!	Non!	Comme ci, comme ça.

Activité 3 Oui ou non?

Using the cues, fill in the blanks with the affirmative or negative form of the verbs.

1. Est-ce que Nicole est de Boston?

   _____, elle _____ de Boston.

2. Est-ce que le copain de Nicole est là?

   Mais _____, il _____ là.

3. Est-ce que Pierre aime danser?

   _____, il _____ danser.

4. Est-ce que Pierre aime travailler?

   _____, il _____ travailler.

B

Activité 1 Où sont-ils?

Fill in the blanks with the correct form of **être**.

1. Le prof _____ en classe.
2. Mes cousins _____ à Québec.
3. Nous _____ au cinéma.
4. Est-ce que vous _____ ici?
5. Moi, je _____ en vacances.
6. Tu _____ au café avec les copains?

Discovering
FRENCH
Nouveau!

BLEU

Nom _____

Classe _____ Date _____   _____

Activité 2 Oui ou non?

Match each question with the most logical answer.

_____ 1. Est-ce qu'elles sont en ville?

_____ 2. Tu es à la maison, n'est-ce pas?

_____ 3. Est-ce que je peux téléphoner à mon copain?

_____ 4. Ils dînent au restaurant, n'est-ce pas?

_____ 5. Est-ce que tu aimes voyager?

a. Mais oui, à huit heures.

b. Oui, j'aime Paris et New York!

c. Oui, je regarde la télé.

d. Mais oui, elles sont au café.

e. Oui, si tu veux.

Activité 3 Questions et réponses

Choose the most logical answer to each question.

1. Est-ce que vous jouez au foot?
   a. Oui, elles jouent au foot.   b. Non, nous ne jouons pas au foot.

2. Est-ce qu'elle étudie?
   a. Oui, elle travaille à la maison.   b. Non, elle n'aime pas voyager.

3. Tu es de Paris, n'est-ce pas?
   a. Oui, je suis de Dallas.   b. Non, je ne suis pas français.

C

Activité 1 Où sont-ils?

Using the visual cues, write a sentence explaining where people are.

1. Je _____   3. Vous _____

2. Ils _____   4. Tu _____

Activité 2 Questions

Write questions that would produce the following responses.

1. —_____   3. —_____

—Caroline? Elle est à la maison.   —Oui, je veux bien jouer au basket avec toi.

2. —_____   4. —_____

—Mais non, il ne travaille pas là-bas.   —Mais oui, j'aime parler français.

Activité 3 Mais non . . .

Answer the following questions negatively.

1. Est-ce que vous êtes en vacances? _____

2. Est-ce que la prof de français est anglaise? _____

3. Est-ce que tu écoutes souvent la radio? _____

Nom _____

Classe _____ Date _____ _____

Discovering FRENCH *Nouveau!*

B L E U

Unité 3
Leçon 7

Activités pour tous

LEÇON 7 Une boum

A

Activité 1 Verbes

Circle the verb form that correctly completes each sentence.

1. Je *visite / visites* souvent Paris.
2. Marc ne *regardes / regarde* pas la télé.
3. Ils *joue / jouent* bien aux jeux vidéo.
4. Nous n' *habitons / habitez* pas à Boston.
5. Tu *aimes / aimez* mon cousin?
6. Karine et Anna *invite / invitent* des amis à la boum.

Activité 2 Adverbes

Circle the adverb that fits logically.

1. Alan Iverson joue *rarement / très bien* au basket.
2. Whitney Houston chante *aussi / bien*.
3. Le président américain parle *un peu / beaucoup* français.
4. Ma grand-mère écoute *souvent / rarement* la musique hip-hop.
5. Willie Nelson joue *bien / un peu* de la guitare.

Activité 3 Préférences

Fill in the blanks with the correct verbs.

1. Je voudrais jouer aux jeux vidéo, mais je dois _____ .

2. Je dois travailler, mais je voudrais _____ .

3. J'aime le français, mais je préfère _____ anglais.

4. Je voudrais _____ mais je dois aller à l'école.

5. J'aime le basket, mais je préfère _____ au tennis.

Unité 3
Leçon 7

Activités pour tous

Nom _____

Classe _____ Date _____

Discovering FRENCH Nouveau!

BLEU

B

Activité 1 Questions

You are new in town. Circle the correct answers to the following questions about yourself and your family.

1. —Tu parles français?
   — *Oui, je parle français. / Oui, nous parlons français.*

2. —Vous habitez ici maintenant?
   —*Oui, j'habite ici maintenant. / Oui, nous habitons ici maintenant.*

3. —Tu nages bien?
   —*Oui, je nage bien. / Oui, nous nageons bien.*

4. —Tu joues beaucoup au tennis?
   —*Non, je ne joue pas beaucoup au tennis. / Non, nous ne jouons pas beaucoup au tennis.*

Activité 2 Adverbes

Choose the adverb that best describes the situation. Use each only once.

souvent	beaucoup	peu	très bien	mal

1. Je joue au basket tous les jours. Je joue _____.

2. Paul joue au tennis comme un professionnel. Il joue _____.

3. Mme Leclerc aime parler. Elle parle _____!

4. Les Dupont voyagent cinq jours en été. Ils voyagent _____.

5. Je ne joue pas beaucoup du piano, parce que je joue _____.

Activité 3 Préférences

Using the visual cues and words from the box, write sentences stating your wishes (**je veux**) and obligations (**je dois**).

je veux ☺	je dois ☹

1. ☺ _____ mais _____!

2. ☹ _____ parce que _____!

3. ☺ _____ parce que _____!

C

Activité 1 Beaucoup ou peu?

Write how much or how little people do the things pictured, using **beaucoup, peu, souvent,** or **rarement.**

1. Ma mère _____

2. Mes amis _____

3. Mon père _____

4. Mon frère _____

5. Nous _____

6. Est-ce que vous _____

Activité 2 Mes activités

Write how well you do the following activities, using **très bien, bien, comme ci, comme ça,** or **mal.**

1. _____   3. _____

2. _____   4. _____

Activité 3 Préférences

Write sentences stating contrasts as in the example. Use the visual cues and expressions like **j'aime / je n'aime pas, je veux, je ne peux pas, je dois,** and **je ne . . . pas beaucoup.**

Modèle: J'aime danser mais je ne danse pas beaucoup.

1. _____

2. _____

3. _____

4. _____

5. _____

Nom _____

Classe _____ Date _____

Discovering
FRENCH
Nouveau!

BLEU

Unité 3
Leçon 8

Activités pour tous

LEÇON 8 Un concert de musique africaine

A

Activité 1 Dialogues

Select the question word that would produce the given response.

1. —*À quelle heure / Qu'*est-ce que tu manges?
   —Un sandwich au fromage.
2. —*Quand / Où* est-ce que Martin habite?
   —Il habite à Minneapolis.
3. —*À quelle heure / Comment* est-ce que les Dumont dînent, généralement?
   —Ils dînent à huit heures.
4. —*Quand / Comment* est-ce qu'Éric joue au foot?
   —Il joue bien.
5. —*Quand / Comment* est-ce que tu étudies?
   —Le soir.

Activité 2 Répète, s'il te plaît.

You don't hear everything clearly on your cell phone. Ask for clarification, choosing one of the expressions below.

| Qui? | À qui? | De qui? | Pour qui? | Avec qui? |

1. Paul téléphone à Claire. _____
2. Ils parlent de Marie. _____
3. Elle aime étudier avec Robert. _____
4. Mais elle préfère Martin. _____
5. Et elle organise une boum pour Martin. _____

Activité 3 Qu'est-ce qu'ils font?

Your friend wants to find someone to go for a walk with her but everyone is busy doing something. Select the word that correctly completes each sentence.

—Qu'est-ce que tu *fais / font?* Tu veux faire une promenade avec moi?
—Moi, je *fais / fait* mes devoirs. Peut-être Suzanne et Hélène?
—Non, elles *font / faisons* un match de foot. Et André, qu'est-ce qu'il *faire / fait?*
—Il *fais / fait* attention à la météo parce qu'il veut *fait / faire* un match de tennis à 4h.
—Bon. Nous *faisons / faites* une pizza à 6h?
—D'accord!

Nom _____

Classe _____ Date _____

Discovering
FRENCH
Nouveau!

B L E U

B

Activité 1 Questions

Select the question word or phrase that corresponds to each response.

Où est-il?	Quand?	À quelle heure?	Comment?	Pourquoi?	Qu'est-ce qu'il fait?

_____ 1. À six heures et demie.   _____ 4. Il est à la maison.

_____ 2. Parce qu'il pleut.   _____ 5. Le matin.

_____ 3. Il regarde la télé.   _____ 6. Bien!

Activité 2 Qu'est-ce qu'ils font?

Choose the best answer to each question.

1. À qui est-ce que tu téléphones?
   a. Je téléphone à ma copine.
   b. Je téléphone de chez moi.

2. Avec qui est-ce que Jean et Luc habitent?
   a. Ils habitent à Québec.
   b. Ils habitent avec leurs parents.

3. Pour qui est-ce que Claire travaille?
   a. Elle travaille pour TelNet.
   b. Elle travaille en ville.

4. De qui est-ce que vous parlez?
   a. Nous parlons de Thomas.
   b. Nous parlons à Véronique.

5. Qui est-ce que vous écoutez?
   a. Nous écoutons la radio.
   b. Nous écoutons le prof.

6. Qu'est-ce qu'il mange?
   a. Il mange avec une copine.
   b. Il mange un croissant.

Activité 3 Faire

Fill in the blanks with the correct form of **faire.**

1. Nous _____ attention dans la rue.

2. Est-ce que vous _____ une promenade?

3. Est-ce que M. Lebeau _____ un voyage?

4. Tu ne _____ pas le dîner?

5. Éric et Yvette _____ un match de tennis, non?

6. Moi, je peux peut-être _____ un voyage en été.

Discovering
FRENCH
Nouveau!

BLEU

Unité 3
Leçon 8

Activités pour tous

C

Activité 1 Réponses

Answer the following questions.

1. À qui est-ce que tu téléphones souvent?

   _____

2. Avec qui est-ce que tu fais du sport?

   _____

3. À quelle heure est-ce que tu manges le soir?

   _____

4. Comment est-ce que tu parles français?

   _____

Activité 2 Questions

Write a question to elicit the following answers.

1. _____
   —Il chante très mal.

2. _____
   —Parce que je veux voyager en France.

3. _____
   —Je n'aime pas le fromage.

4. _____
   —Elles habitent à Chicago.

5. _____
   —Nous jouons au foot au printemps.

6. _____
   —Non, je préfère étudier. Mais Simone aime le tennis.

Activité 3 Qu'est-ce qu'ils font?

Use the illustrations to write what people are doing. Use a form of **faire** in each sentence.

1. Mélanie _____

2. David et Chantal _____

3. Tu _____

4. Nous _____

5. Vous _____

6. Je _____

Nom _____

Classe _____ Date _____

Discovering
FRENCH
Nouveau!

BLEU

Unité 3
Resources

Activités pour tous
Reading

UNITÉ 3   Reading Comprehension

A

Muzzik

la chaîne
classique | jazz |
danse | musiques
du monde

MUZZIK
la chaîne
classique, jazz, danse
musiques du monde

www.muzzik.net

Muzzik est diffusé 7j/7, 24h/24
en qualité et son numériques

Muzzik est disponible sur:

CANALSATELLITE 0 803 804 804
LE MEILLEUR DU NUMÉRIQUE   (0.15 € /mn)

et le câble 08 91 67 60 60
(0.225 € /mn)

Compréhension

1. This ad would interest people who like:

    museums   movies   music

2. What do you think Muzzik is?

    a channel available   a radio station
    via cable and
    satellite

3. How many days a week does it broadcast?

    Monday   weekends   every
    through   only   day
    Friday

4. During what hours does it broadcast?

    mornings   evenings   24 hours
    a day

5. What does **musiques du monde** mean?

    foreign   world   mountain
    music   music   music

Qu'est-ce que vous en pensez?

1. How does one say "channel" in French? _____

2. What do you think **son numérique** means?

    digital sound   analog sound   high fidelity sound

3. How do the French say a show is "broadcast?"

    lancé   diffusé   joué

Nom _____

Discovering
FRENCH
Nouveau!

BLEU

Classe _____ Date _____

B

Musique et Patrimoine

MUSIQUE ET PATRIMOINE

UN DIMANCHE PAR MOIS À 16 HEURES *

LA MAIRIE DE PARIS
VOUS INVITE À DÉCOUVRIR
UN MONUMENT OU UN MUSÉE
AVEC UN CONCERT

MAIRIE DE PARIS

sauf horaires particuliers

Informations

Direction des
Affaires culturelles
de la Ville de Paris
31, rue des Francs-
Bourgeois
Paris IVᵉ

01 42 76 84 00
01 42 76 84 01

Entrée libre

28 OCTOBRE 2001
Église Notre-Dame de Lorette
18 bis, rue de Chateaudun
Paris ᵉ

25 NOVEMBRE 2001
Église Sainte-Marguerite
36, rue Saint-Bernard
Paris xIᵉ

20 JANVIER 2002
Couvent des Cordeliers
15, rue de l'École de médecine
Paris vᵉ

24 FÉVRIER 2002
Musée Bourdelle
à 14h30 et 16h
*Réservation obligatoire
au 01 42 76 56 18*
16, rue Antoine Bourdelle
Paris xvᵉ

17 MARS 2002
Église Saint-Pierre de Chaillot
31 bis, avenue Marceau
Paris xᵉ

28 AVRIL 2002
Église Notre-Dame de la Croix
de Ménilmontant
3, place der Ménilmontant
Paris xxᵉ

26 MAI 2002
Église Saint-Germain des Prés
à 15h
1, place Saint-Germain des Prés
Paris vᵉ

23 JUIN 2002
Musée Carnavalet
à 14h30 et 16h
*Réservation obligatoire
au 01 42 76 56 18*
23, rue de Sévigné
Paris vᵉ

Compréhension

1. What kind of event is this?

   rock concert   church and museum concert series

2. What day of the week do these events take place?

   Sunday   Wednesday   Saturday

3. How frequently do they happen?

   every day   once a week   once a month

4. What time do they take place? 2 P.M.   4 P.M.   6 P.M.

5. For which events are reservations required?

   church concerts   museum concerts

Qu'est-ce que vous en pensez?

1. What is the government trying to encourage?

   sightseeing   visits to museums and monuments   concert attendance

2. What do you think **patrimoine** means?

   exhibit   fatherhood   national heritage

3. The brochure is produced by Paris City Hall. How do you say "City Hall" in French?

   _____

Nom _____

Classe _____ Date _____

Discovering
FRENCH
Nouveau!

BLEU

Unité 3 Resources

Activités pour tous
Reading

C

Compréhension

1. Where is Sea Life located? _____

2. What days and during what hours is it open? _____

3. What age do you have to be to get in free? _____

4. How many aquariums are there? _____

5. Name two kinds of sea creatures you could see there. _____

Qu'est-ce que vous en pensez?

1. Who do you think this place would appeal to?

   Older adults   Young adults   Children   All ages

2. Which exhibits do you think would appeal the most to children? Why? _____

   _____

3. What do you think **falaise** (#7) means? _____

Discovering
FRENCH
Nouveau!

BLEU

Unité 4
Leçon 9
Activités pour tous

Unité 4. Le monde personnel et familier

LEÇON 9   Le français pratique:
Les personnes et les objets

A

Activité 1 Qui est-ce?

Complete the dialogue with the items in the box. Some of the items will be used more than once. Others will not be used at all.

—Qui est-ce?

—C'est une _____.

—Comment s'appelle-t-_____?

—_____ s'appelle Nathalie.

—Et quel âge _____?

—_____ quinze ans.

—_____ est _____!

il / elle
copain / copine
il a / elle a
a-t-il / a-t-elle
est-il / est-elle
beau / jolie

Activité 2 Les affaires personnelles

Make selections from the box in order to name each item below.

1.

_____

3.

_____

5.

_____

2.

_____

4.

_____

6.

_____

un portable
un ordinateur
un appareil-photo
un baladeur
une montre
une voiture

Activité 3 Ma chambre

Caroline is describing her room. Looking at the following picture, circle the words that best complete her statements.

1. *Devant / Dans* ma chambre, le bureau est *devant / dans* la fenêtre.
2. Mon ordinateur est *sous / sur* le bureau.
3. Mon poster de Tahiti est *sous / sur* la porte.
4. Ma guitare est *devant / derrière* le bureau.
5. Mon chat est *sous / sur* le lit.

Nom _____

Classe _____ Date _____

Discovering
FRENCH
Nouveau!

B L E U

B

Activité 1 Vrai ou faux?

Look at the room below and decide if the statements are true or false. If false, write down the correct location word.

1. Il y a une personne dans la chambre.	Vrai	Faux	_____
2. Le bureau est derrière la fenêtre.	Vrai	Faux	_____
3. Le chat est sur le lit.	Vrai	Faux	_____
4. Il y a un ordinateur sur le bureau.	Vrai	Faux	_____

Activité 2 Descriptions

Describe the following people by filling in the blanks with selections from the box.

homme	fille	garçon	femme	jeune	brun(e)	blond(e)	petit(e)

1. C'est une _____.
   Elle est _____.

3. C'est une _____.
   Elle est _____.

2. C'est un _____.
   Il est _____.

4. C'est un _____.
   Il a douze ans. Il est _____.

Activité 3 J'ai . . . Je voudrais . . .

Patrick is talking about what he has and what he wants. Fill in the blanks so his parents can use his wish list for Christmas and his birthday.

J'AI   JE VOUDRAIS

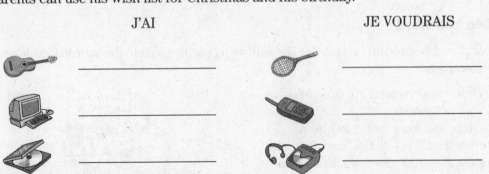

Nom _____

Classe _____ Date _____ _____

Discovering
FRENCH *Nouveau!*

B L E U

Unité 4
Leçon 9
Activités pour tous

C

Activité 1 Où est-ce?

Look at the room below and fill in the blanks to complete the statements.

1. La fille est _____ la chambre.
2. Le bureau est _____ la fenêtre.
3. L'ordinateur est _____ le bureau.
4. Le chat est _____ le lit.
5. La guitare est _____ le bureau.
6. L'affiche est _____ la porte.

Activité 2 Qui est-ce?

Introduce the following people providing their names, ages, and one physical trait.

1. (ma voisine) _____

_____

2. (mon prof / ma prof de français) _____

_____

3. (une copine ou un copain) _____

_____

Activité 3 Qu'est-ce que c'est?

Identify each object as yours. Then say whether it works (well) or not.

Modèle: *C'est ma télé. Elle ne marche pas bien.*

1. _____

2. _____

3. _____

4. _____

Nom _____

Classe _____ Date _____

Discovering FRENCH
Nouveau!

B L E U

Unité 4
Leçon 10

Activités pour tous

LEÇON 10 Vive la différence!

A

Activité 1 Expressions avec avoir

Fill in the blanks with the correct form of **avoir** and with selections from the box.

Modèle: C'est mon anniversaire, aujourd'hui. ***J'ai 15 ans.***

1. Je voudrais une pizza et une salade. J' _____ _____ !

2. Ma soeur est petite. Elle _____ _____ .

3. Je voudrais une limonade, s'il vous plaît. J' _____ _____ .

4. Donne-nous un jus de pomme, s'il te plaît. Nous _____ _____ .

5. Vous mangez beaucoup. Vous _____ _____ .

6. Ils font une fête parce qu'ils _____ _____ aujourd'hui.

faim
soif
5 ans
16 ans

Activité 2 Le singulier et le pluriel

Fill in the blanks with the correct articles, using each only once.

le	la	l'	les	une	des

1. Je voudrais _____ limonade.

2. _____ samedi, je ne travaille pas.

3. _____ ordinateur ne marche pas!

4. Je veux inviter _____ copains.

5. Je n'aime pas _____ musique classique.

6. Est-ce que tu aimes _____ maths?

Activité 3 Je n'ai pas . . .

Transform each sentence into the negative.

1. J'ai un stylo. _____

2. J'ai une imprimante. _____

3. J'ai des DVD. _____

4. J'ai un ordinateur. _____

Nom _____

Classe _____ Date _____

Discovering
FRENCH
Nouveau!

B L E U

B

Activité 1 Questions

Circle the correct answer to each question.

1. Quel âge as-tu?   a. J'ai quatorze ans.   b. J'ai trois cousins.

2. Qu'est-ce qu'elle a dans sa chambre?   a. Elle a un bureau.   b. Elle a douze ans.

3. Tu veux un sandwich au jambon?   a. Oui, j'ai soif.   b. Oui, j'ai faim.

4. Qu'est-ce qu'il y a dans le garage?   a. Il y a une voiture.   b. Il a faim.

5. Tu veux une limonade?   a. Non, je n'ai pas soif.   b. Non, je n'ai pas faim.

6. Il est jeune, ton cousin?   a. Oui, il a six CD.   b. Oui, il a six ans.

Activité 2 Contrastes

What your friend has, you don't have; what he likes, you do not like, and vice-versa. Complete the sentences below by making your selections from the box.

le	une	la	les	pas d'	pas de

1. Marc a un baladeur. Mais moi, je n'ai _____ baladeur.

2. Marc n'a pas de voiture. Mais moi, j'ai _____ voiture.

3. Marc a des DVD. Mais moi, je n'ai _____ DVD.

4. Marc aime les maths. Moi, je n'aime pas _____ maths!

5. Marc aime la musique classique. Moi, je préfère _____ rock.

6. Marc a un appareil-photo. Moi, je n'ai _____ appareil-photo.

Activité 3 Une conversation

Two neighbors are talking. Fill in the blanks with articles from the box.

un	les	l'	pas d'	le

—Est-ce que vous avez _____ ordinateur à la maison?

—Non, je n'ai _____ ordinateur à la maison: _____ samedi et _____ dimanche, je n'aime pas travailler. Et vous? Vous n'avez _____ ordinateur?

—Si. _____ enfants aiment jouer aux jeux vidéo et ils étudient avec _____ ordinateur.

Nom _____

Classe _____ Date _____

Discovering
FRENCH
Nouveau!

B L E U

Unité 4
Leçon 10
Activités pour tous

C

Activité 1 Qu'est-ce que vous avez?

Write three affirmative and three negative sentences that combine a subject from Box A and an object from Box B with the correct form of **avoir**.

A

Je	Nous	Mes parents
Ma copine		Mon copain

B

faim	soif	moto
ordinateur	portable	(des) DVD

1. _____   4. _____

2. _____   5. _____

3. _____   6. _____

Activité 2 Mes affaires personnelles

Fill in the blanks with the correct articles.

1. Sur mon bureau, il y a _____ livres et _____ ordinateur.

2. L'ordinateur a _____ écran, _____ clavier et _____ souris.

3. Dans mon sac, j'ai _____ stylos et _____ cahier, mais je n'ai _____ _____ crayons.

4. J'aime beaucoup _____ français mais je n'aime pas _____ maths.

5. Qu'est-ce que tu préfères, _____ musique classique ou _____ jazz?

6. _____ samedi, je fais du sport. _____ dimanche, j'étudie et je joue aux jeux d'ordinateur.

Activité 3 Il y en a ou il n'y en a pas?

Tell what is and isn't on this desk using **Il y a** or **Il n'y a pas**.

Sur mon bureau . . .

1. (livres) _____

2. (des DVD) _____

3. (stylo) _____

4. (imprimante) _____

Nom _____

Classe _____ Date _____

Discovering
FRENCH
Nouveau!

B L E U

Unité 4
Leçon 11

Activités pour tous

LEÇON 11   Le copain de Mireille

A

Activité 1   Synonymes et contraires

Circle the word that is *most nearly* the same or opposite.

1. **amusant:**   sympathique   sportif
2. **intelligente:** méchante   bête
3. **petit:**   grand   beau

4. **sympathique:** beau   gentil
5. **mignon:**   sympathique   beau
6. **méchant:**   gentil   timide

Activité 2   C'est d'où?

These items were imported from various countries. Fill in the blanks with selections from the box and making sure you use the correct gender for nationalities.

vélo	moto	téléviseur	appareil-photo	voiture

1. La _____ est _____.

2. L'_____ est _____.

3. La _____ est _____.

4. Le _____ est _____.

5. Le _____ est _____.

Activité 3   Le singulier et le pluriel

Circle the adjective that agrees with the noun.

1. des amis *intéressants / intéressantes*
2. un prof *espagnol / espagnole*
3. des affiches *amusants / amusantes*

4. un cousin *mignon / mignonne*
5. des motos *italiens / italiennes*
6. une montre *suisse / suisses*

Nom _____

Classe _____ Date _____

B

Activité 1 Dialogues

Circle the words that make the most logical sense.

1. —Est-ce que Pauline est gentille? —Mais oui, elle est très *intelligente / sympathique*.
2. —Est-ce que Louis et Robert sont amusants? —Non, ils sont très *timides / mignons*.
3. —Est-ce qu'Anne-Marie est belle? —Oui, elle est *jolie / jeune*.
4. —Est-ce que ton chien est méchant? —Mais non, il est très *sportif / gentil*.
5. —Est-ce que Paul et Virginie sont intelligents? —Mais oui, ils ne sont pas *méchants / bêtes*.

Activité 2 Des copains du monde entier

You have friends from all over the world! State where they are from by filling in the blanks.

1. Julia est _____.

2. Akiko est _____.

3. Stéphane est _____.

4. Miguel est _____.

5. Paola est _____.

Activité 3 L'accord

Write the correct form of the adjectives, paying close attention to gender and number.

1. (intéressant)   Ce sont des livres _____.
2. (japonais)   Nous avons une voiture _____.
3. (italien)   J'aime beaucoup les glaces _____.
4. (sportif)   Ma copine est _____.
5. (gentil)   Mes amies sont _____.
6. (méchant)   Il a un frère assez _____.

Nom _____

Classe _____ Date _____

Discovering
FRENCH
Nouveau!

BLEU

Unité 4
Leçon 11
Activités pour tous

C

Activité 1 Auto-portrait

Describe yourself to a pen pal. Using complete sentences, state (1) your name, (2) nationality, and (3) age. Also describe (4) your personality with three adjectives and include (5) one or two things you like or don't like to do.

Bonjour! (1) _____

(2) & (3) _____

(4) _____

(5) _____

Activité 2 Dîner international

The school is having an international pot-luck dinner and students are preparing foods that represent their cultures. Fill in the blanks with the correct nationalities.

1. Steve prépare des hamburgers. Il est _____.

2. Miki prépare le sushi. Elle est _____.

3. Andrés et Elena préparent des tacos. Ils sont _____.

4. Sandrine et Mylène préparent une quiche. Elles sont _____.

5. Ming prépare une soupe wonton. Elle est _____.

Activité 3 C'est qui?

A friend is looking at your photo album. Using the cues, write two sentences to identify and describe people. Follow the example.

Modèle: (camarade) (français) C'est une camarade. Elle est française.

1. (cousin) (intelligent) _____

2. (mère) (sportif) _____

3. (cousins) (gentil) _____

4. (copines) (amusant) _____

5. (petite soeur) (mignon) _____

Nom _____

Classe _____ Date _____

Discovering
FRENCH
Nouveau!

BLEU

Unité 4
Leçon 12

Activités pour tous

LEÇON 12 La voiture de Roger

A

Activité 1 Les couleurs

Circle the color you most closely associate with the following, then fill in the blanks.

1. un jus de pomme: bleu   jaune
   Le jus de pomme est _____.

2. un jus de tomate: rouge   blanc
   Le jus de tomate est _____.

3. une salade: rose   vert
   La salade est _____.

4. un bureau: orange   marron
   Le bureau est _____.

5. une page: rouge   blanc
   La page est _____.

Activité 2 La place des adjectifs

Each statement has one adjective. Making each selection once from the box, set the adjectives in the correct blanks, before or after the noun.

belle   verte   intelligents   petit   Blanche   bon

1. Tu as une _____ montre _____ !

2. Ce sont des _____ élèves _____.

3. Le président américain habite à la _____ Maison _____.

4. *Titanic* est un _____ film _____.

5. C'est une _____ salade _____.

6. Le shitzu est un _____ chien _____.

Activité 3 Dialogue

Corinne and Jean-Paul are chatting in the hallway. Circle the expressions that correctly complete their statements or questions.

—Le garçon là-bas, *il est / c'est* ton copain?
—Oui, *c'est / il est* Marc. *C'est / Il est* très gentil.
—Et tu connais l'étudiante là-bas?
—Oui, *c'est / elle est* une copine, Véronique.
—*C'est / Il est* vrai? *C'est / Elle est* vraiment mignonne!

Nom _____

Classe _____ Date _____

B

Activité 1 Les couleurs

Circle the two colors you most closely associate with the following holidays.

1. **Halloween:**   blanc   orange   rose   noir

2. **Christmas:**   gris   rouge   vert   noir

3. **July 4th:**   rouge   vert   jaune   bleu

4. **Hanukkah:**   orange   bleu   marron   blanc

5. **Easter:**   rose   marron   jaune   gris

Activité 2 La place des adjectifs

Each statement has two adjectives. Circle each adjective in its correct position, before or after the noun.

1. C'est une *belle / noire* voiture *belle / noire*.

2. Voilà une *rouge / belle* affiche *rouge / belle!*

3. C'est un *petit / gris* chat *petit / gris*.

4. C'est un *marron / beau* bureau *marron / beau*.

5. C'est une *grande / française* voiture *grande / française*.

6. C'est un *grand / noir* chien *grand / noir*.

Activité 3 Dialogues

Fill in the blanks with **C'est...** or **Il / Elle est...**

1. _____ une grande voiture.

2. _____ petit.

3. _____ un prof intéressant.

4. _____ une belle maison.

5. _____ française.

Nom _____

Classe _____ Date _____

Discovering
FRENCH
Nouveau!

BLEU

Unité 4
Leçon 12

Activités pour tous

C

Activité 1 Mes affaires

Do you have any of these items? Do they have the following colors or attributes? Make complete sentences beginning with **J'ai** or **Je n'ai pas**.

1. (petit) _____

2. (gris) _____

3. (noir) _____

4. (grand) _____

5. (bleu) _____

Activité 2 Des questions personnelles

Over lunch, you are having a conversation with a classmate who is asking you a number of questions. Answer affirmatively or negatively.

1. Est-ce que ton vélo est bleu? Oui, j'ai un _____.

2. Est-ce que ta maison est grande? Non, ce n'est pas une _____.

3. Est-ce que tes copines sont sportives? Oui, ce sont des _____.

4. Est-ce que ta chambre est belle? Oui, c'est une _____.

5. Est-ce que ton ordinateur est petit? Non, ce n'est pas un _____.

6. Est-ce que les sandwichs sont bons? Oui, ce sont de _____.

Activité 3 Réactions

Give responses to the statements below, using the expressions you learned in this lesson. Use one word per blank.

1. —Voilà une grande pizza.

   —_____!

2. —Maman, j'étudie beaucoup ce soir.

   —_____ _____!

3. —C'est vrai, tu as 18 ans?

   —Mais non, _____ _____!

4. —Le français, c'est difficile?

   —Mais non, _____ _____!

5. —C'est comment, *Dumb and Dumber?*

   —_____ _____!

Nom _____

Classe _____ Date _____

Discovering FRENCH *Nouveau!*

B L E U

Unité 4 Resources

Activités pour tous Reading

UNITÉ 4 Reading Comprehension

A

RENAULT KANGOO 1.9L RTE DIESEL
07/99, AM00, 42 000km, diesel, 5 places, gris métal, climatiseur, pack, vitres électriques, direction assistée.
73 000 €

FIAT ULYSSE 2.1L TDS
11/98, AM99, 29 000km, vert métal, clim., pack électrique, direction assistée, garantie 12 mois, 1ère main. **110 000€**
DE AUTO   01 47 85 18 98

Compréhension

1. Which car is newer?

    la Renault   **la Fiat**

2. What colors are available?

    blue   green   black   grey

3. Which car (or both) has the following features?

    air conditioning   **la Renault**   **la Fiat**   both

    metallic paint   **la Renault**   **la Fiat**   both

    regular gas   **la Renault**   **la Fiat**   both

4. Which car has more mileage?

    la Renault   **la Fiat**

5. Which car has a warranty?

    la Renault   **la Fiat**

Qu'est-ce que vous en pensez?

1. 29 000 km is approximately how many miles?

    18,000   24,000   44,000

2. What does **direction assistée** mean?

    low mileage   cruise control

3. What is the word for "air conditioner?"

    pack   **climatiseur**

Nom _____

Classe _____ Date _____

B

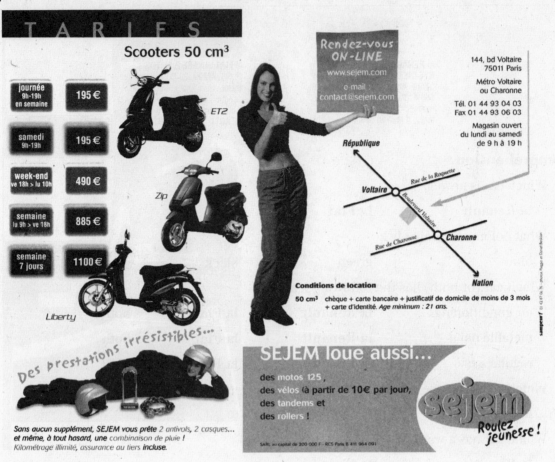

Compréhension

1. What five kinds of items can be rented here?

   (1)_____ (2)_____ (3)_____

   (4)_____ (5)_____

2. What are store hours?
   9–5   9–7   24 hours

3. How old do you have to be to rent a scooter?
   18   21   23

4. When does the weekend rate start?
   Friday 6 P.M.   Saturday 9 A.M.

5. When does it end?
   Saturday 7 P.M.   Monday 10 A.M.

Qu'est-ce que vous en pensez?

1. What do you think **ve** and **lu** are abbreviations for?

2. What is the word for "rental?"

3. What is the word for "rates?"

Nom _____

Classe _____ Date _____

Discovering
FRENCH
Nouveau!

BLEU

Unité 4
Resources

Activités pour tous
Reading

C

Compréhension

1. What is the offer for?

   A computer purchase   A computer rental

2. What is the offer code for this special purchase?

   888   826   381

3. What two components does the computer include?

   15" screen   CD-ROM drive
   CD burner   10 hours of Internet

4. How many days a week is technical assistance available by phone?

   5 days   6 days   7 days

5. The service provider offers 10 hours of free e-mail per:

   day   week   month

Qu'est-ce que vous en pensez?

1. What do you think **logiciel** means?

   hardware   hard disk   software

2. To buy this computer system, what is the approximate price in dollars?

   $30 $40 $200

3. What does **illimité** mean?

   up-to-date   unlimited

Discovering
FRENCH
Nouveau!

B L E U

Unité 5
Leçon 13
Activités pour tous

Unité 5. En ville

LEÇON 13 Le français pratique: La ville et la maison

A

Activité 1 Une invitation

A French-speaking exchange student is asking you about where you live. Making your selections from the box, complete the following dialogue. Use each selection once.

quartier	dans	loin	près	ville

—Est-ce que tu habites en _____?

—Oui. J'habite _____ l'avenue Roosevelt.

—Et ton _____, il est sympathique?

—Oui, très. Je veux inviter les copains à la maison.

—C'est _____ ?

—Oh non, c'est _____ ! C'est pratique!

Activité 2 Charades

Making your selections from the box, guess the places that fit the descriptions.

un parc	une bibliothèque	une piscine	un musée	un stade

1. Là, il y a des livres.   C'est _____.
2. Là, je peux nager.   C'est _____.
3. Là, je fais des promenades.   C'est _____.
4. Là, nous faisons un match.   C'est _____.
5. C'est artistique.   C'est _____.

Activité 3 La maison

Look at the floor plan on the next page and decide if these statements are true or false.

1. Les chambres sont en bas.   Vrai   Faux
2. Il y a quatre lits.   Vrai   Faux
3. Il y a un salon.   Vrai   Faux
4. Il y a trois salles de bains.   Vrai   Faux
5. Il n'y a pas de garage.   Vrai   Faux

Nom _____

Classe _____ Date _____

Discovering FRENCH Nouveau!

B L E U

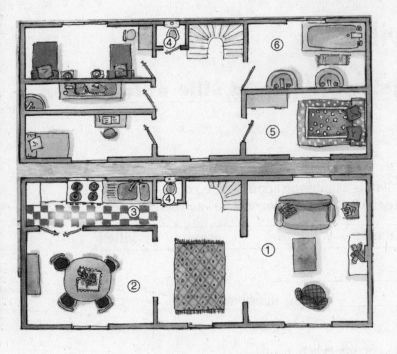

(en haut)

(en bas)

B

Activité 1 La maison

You are visiting a new house, shown above, with your parents and a real estate agent. As you go from room to room, following the numbers, fill in the blanks.

① Nous visitons _____.

④ Ce sont _____.

② Nous sommes dans _____.

⑤ _____ est bien grande.

③ Je visite _____.

⑥ Je suis dans _____.

Activité 2 Vrai ou faux?

If the following statements are generally true, circle **Vrai.** If not, circle **Faux.**

1. Dans un centre commercial, il y a des magasins.   Vrai   Faux

2. Une piscine, c'est pour étudier.   Vrai   Faux

3. Les jardins sont en haut.   Vrai   Faux

4. Il y a beaucoup de livres dans une bibliothèque.   Vrai   Faux

Activité 3 Questions

Match the question with the most logical response.

_____ 1. Où est-ce qu'il y a un hôtel?

_____ 2. Est-ce que c'est près?

_____ 3. Tournez à droite et voilà!

_____ 4. Où habites-tu?

_____ 5. Comment est ta ville?

a. Non, c'est assez loin.

b. Merci beaucoup, monsieur.

c. Elle est très intéressante.

d. J'habite à Boston.

e. Dans la rue à gauche.

Nom _____

Classe _____ Date _____

Discovering
FRENCH *Nouveau!*

B L E U

Unité 5
Leçon 13

Activités pour tous

C

Activité 1 Questions

You are telling a pen pal in France about your town. Fill in the blanks with the information you want to convey.

1. J'habite _____ .

2. Dans ma ville, il y a _____ , _____ et _____ .

3. Mais il n'y a pas _____ ou _____ .

Activité 2 Le plan de la ville

Answer the following questions based on the illustration.

1. Dans quelle rue est le restaurant? _____

2. Tu es au restaurant. Est-ce que la mairie est loin? _____

3. Tu es à la mairie. Où est l'église? _____

4. Tu es dans la place de la Mairie. Où est la poste? _____

Activité 3 Ma maison

Alysée, a new exchange student from France, is asking you about your home. Answer her questions.

—Est-ce que tu habites dans une maison ou un immeuble?

_____

—Est-ce qu'il y a un jardin?

_____

—Il y a combien de chambres chez toi?

_____

—Comment est ta chambre?

_____

Nom _____

Classe _____ Date _____

Unité 5
Leçon 14

Discovering
FRENCH *Nouveau!*

B L E U

Activités pour tous

LEÇON 14 Week-end à Paris

A

Activité 1 Allons-y!

Circle the correct forms of **aller** in the dialogues.

1. —Est-ce que nous *vont / allons* au cinéma ce soir?
   —Oui, bien sûr.

2. —Chez qui *vais- / vas* - tu?
   —Je *vais / vas* chez Éric.

3. —Où *vas / va* Gilles?
   —Il *vas / va* au centre commercial.
   —Moi aussi, je veux *allons / aller* aux magasins!

Activité 2 Où vas-tu?

Fill in the blanks with **au** or **à la** to complete the dialogue.

—Tu vas _____ stade aujourd'hui?

—Oui, et toi? Tu vas _____ piscine?

—Non, je vais _____ bibliothèque.

—Demain, tu veux aller _____ cinéma?

—D'accord! Et après, tu veux aller _____ restaurant?

Activité 3 Qu'est-ce qu'ils vont faire demain?

Using the near future (**aller** + infinitive), fill in the blanks to tell or ask what each student is going to do tomorrow. You can look at the box for a reminder of **aller**.

1.
   Patricia

   _____
   _____

2.
   Des copains

   _____
   _____

3.
   Vous?

   _____
   _____

4.
   Tu?

   _____
   _____

5.
   Nous

   _____
   _____

Je vais
Tu vas
Il / Elle va
Nous allons
Vous allez
Ils / Elles vont

Nom _____

Classe _____ Date _____

B

Activité 1 Dialogues

Match each question with its response, making sure you read both columns first.

___ 1.—Où vas-tu?

___ 2.—Nous allons au concert maintenant?

___ 3.—Tu étudies? Tu peux jouer avec moi?

___ 4.—Maman, je peux aller chez ma copine?

___ 5.—Vous allez au stade?

a. —Non, va-t-en, s'il te plaît. Je prépare un examen.

b. —Oui, vas-y!

c. —Oui, nous allons jouer au foot.

d. —Je vais à la bibliothèque.

e. —Oui, allons-y!

Activité 2 Où allez-vous?

Fill in the blanks with **à, au, à la, à l'** or **aux** to complete these sentences.

1. Nous n'allons pas _____ école le samedi.

2. Je vais aller _____ Paris.

3. Est-ce que tu veux aller _____ boum?

4. Nous dînons souvent _____ restaurant.

5. Tu vas _____ parc _____ vélo ou _____ pied?

Activité 3 Le futur immédiat

Transform these sentences using **aller** + infinitive. You can look at the box for a reminder of **aller**.

Je vais	Nous allons	Il/Elle va
Tu vas	Vous allez	Ils/Elles vont

1. Ils jouent au foot.

   _____

2. Nous étudions à la bibliothèque.

   _____

3. Tu es chez toi.

   _____

4. Je vais chez Michèle.

   _____

5. Elle ne travaille pas aujourd'hui.

   _____

6. Est-ce que vous mangez au restaurant?

   _____

Discovering
FRENCH
Nouveau!

B L E U

Unité 5
Leçon 14
Activités pour tous

C

Activité 1 Où vont-ils?

Use the agenda below to ask four questions about where these people go every week on specific days.

Modèle: Le lundi, est-ce que tu vas au stade?

lundi	mardi	mercredi	jeudi	vendredi	samedi	dimanche
Tu	Yves	Les enfants	Sabine	Ta famille et toi	Steve et Natasha	Ta famille

1. _____

2. _____

3. _____

4. _____

Activité 2 Une semaine à Paris

You are going to Paris for a week and you are planning to do a million things there! Complete the paragraph about some of your activities, with **à** or the appropriate contraction.

Quand j'arrive _____ Paris mardi, je vais aller _____ l'hôtel

immédiatement. Après, je vais faire une promenade _____ Champs-Élysées.

Mercredi, je vais aller _____ musée d'Orsay et _____ Bibliothèque

Nationale. Jeudi, je vais aller _____ centre commercial en métro. Vendredi, je

vais aller _____ piscine municipale. Samedi, je vais aller _____ stade pour

regarder un match de foot.

Activité 3 Des résolutions

It's New Year's and you are describing to your French pen pal your family's resolutions for the year ahead. Using the cues provided, make complete sentences with **aller.**

1. Je _____

   _____ .

2. Ma soeur _____

   _____ .

3. Mes cousins _____

   _____ .

4. Mon frère _____

   _____ .

5. Nous _____

   _____ .

Nom _____

Classe _____ Date _____

LEÇON 15 Au Café de l'Univers

A

Activité 1 Venir ou revenir

Circle the correct form of the verb to complete each sentence.

1. —Nous *venons / venez* chez toi à huit heures. D'accord?
   —D'accord!

2. —D'où *revenons / revenez*- vous?
   —De la bibliothèque.

3. —Est-ce que tu *viens / venez* au café avec nous?
   —Non, je ne peux pas, j'ai un examen demain.

4. —Maman, je vais chez ma copine. Je *reviens / revient* à 6 heures.
   —Bon, vas-y. À ce soir!

Activité 2 Prépositions

Fill in the blanks with **de, du, de la, de l',** or **des** to complete these sentences.

1. Nicole est _____ Nice.

2. La bibliothèque _____ école est assez petite.

3. Ce sont les livres _____ profs.

4. Est-ce que le frère _____ Éric est sympathique?

5. _____ qui est-ce que tu parles?

6. Est-ce que tu joues _____ violon ou _____ guitare?

Activité 3 Dialogues

Making your selections from the box, fill in the blanks with stress pronouns.

—Ce soir, tu vas chez Gisèle?
—Oui, je vais chez _____.
—Je peux venir avec toi?
—Mais oui, tu peux venir avec _____!
—Et demain, tu vas au musée avec tes parents?
—Oui, et je vais aussi au restaurant avec _____.

—Tu viens en voiture avec Cédric?
—Oui, je viens avec _____.
—Vous mangez chez vous ce soir?
—Oui, nous mangeons chez _____.

moi
toi
lui
elle
nous
vous
eux
elles

Nom _____

Classe _____ Date _____

Discovering
FRENCH
Nouveau!

BLEU

B

Activité 1 Dialogues

First, circle the correct verb form in each question. Then, match each question with its most logical response.

___ 1. —Qui *vient / venez* chez moi?

___ 2. —Est-ce que Pierre *reviens / revient* de la bibliothèque?

___ 3. —Est-ce qu'elles *viennent / vient* de Nice?

___ 4. —D'où *viens-tu / venez-tu?*

___ 5. —Est-ce que vous *revenez / revenons* de la piscine?

a. —Oui, elles sont françaises.

b. —Je viens de Québec.

c. —Moi, je viens chez toi!

d. —Oui, nous nageons beaucoup.

e. —Oui, il a des livres.

Activité 2 Prépositions

Fill in the blanks with **de, de la, de l', d'** or **des** to complete the sentences.

1. Mon frère aime les jeux _____ ordinateur, mais je préfère jouer _____ guitare.

2. —Je viens _____ Strasbourg. Et toi? —Je viens _____ Annecy.

3. Monique joue _____ batterie dans un groupe _____ musique rock.

4. Inès parle _____ ses problèmes avec sa copine Patricia.

Activité 3 Une conversation au téléphone

Fill in the blanks to complete a conversation between Karine and her friend Nicole, making your selections from the box.

moi	toi	lui	elle	nous	vous	qui

Allô, Karine?

Oui. C'est _____, Nicole?

Oui, c'est _____!

Tu veux venir à une boum, samedi?

C'est chez _____?

Chez Marco.

Chez _____?

Mais sa maman est d'accord?

Mais oui!

OK, c'est super. Maman demande si tu déjeunes ici chez _____.

Merci, je veux bien!

Nom _____

Classe _____ Date _____

Discovering FRENCH *Nouveau!*

BLEU

Unité 5
Leçon 15

Activités pour tous

C

Activité 1 À quelle heure?

The party is at 8:00 but some people are coming a little earlier or later. Write sentences that say when each person is coming.

Modèle: Je viens à 8h30.

1. Tu / 7h30 _____

2. Caroline / 8h _____

3. Vous / 7h45 _____

4. Bernard et Patrick / 8h15 _____

5. Anne et moi / 8h30 _____

Activité 2 L'orchestre

Your pen pal is telling you about his school orchestra. Fill in the blanks with **de**.

Je joue dans l'orchestre _____ école. C'est un petit orchestre:

il y a six membres. Nous jouons _____ musique classique,

_____ jazz et _____ musique internationale. Trinh

joue _____ piano, Ariane et Guy jouent _____

violon, et moi, je joue _____ flûte. Julianne et Frédéric ont beaucoup

de talent. Elle joue _____ guitare classique et _____

violon. Il joue _____ batterie, _____ saxophone

et _____ flûte! Et toi, est-ce que tu joues d'un instrument

_____ musique?

Activité 3 Tu es sûr?

Your friend is having a hard time deciphering who is in some of the pictures you are showing her. Clarify it for her by using stress pronouns.

1. —Qui est-ce? Est-ce que c'est Marc?
   —Oui, c'est _____.

2. —Qui est-ce? C'est Bruno et toi?
   —Oui, c'est _____.

3. —Qui est-ce? Est-ce que ce sont tes parents?
   —Oui, c'est _____.

4. —Qui est-ce? Est-ce que ce sont tes petites soeurs?
   —Oui, c'est _____.

5. —Qui est-ce? Est-ce que c'est Virginie?
   —Oui, c'est _____.

6. —Ce n'est pas vrai! C'est moi?
   —Mais oui, c'est _____!

LEÇON 16 Mes voisins

A

Activité 1 C'est à qui?

Fill in the blanks with **de, du, de la, de l', d',** or **des.**

1. C'est le portable _____ Robert.

2. C'est le chien _____ voisine.

3. Ce sont les livres _____ étudiants.

4. C'est le stylo _____ prof.

5. C'est la mobylette _____ ami _____ Amélie.

Activité 2 C'est à qui?

Fill in the blanks with the correct adjectives and nouns.

mon / ma	ton / ta	son / sa	notre	votre	leur

1. C'est _____ _____.
(moi)

2. C'est _____ _____.
(toi)

3. C'est _____ _____.
(lui)

4. C'est _____ _____.
(eux)

5. C'est _____ _____.
(nous)

Activité 3 Qui est le gagnant?

Someone got disqualified in the race. Adjust the order of finish by moving everyone up one place.

1. —Patrick arrive troisième? —Non, il arrive *cinquième / deuxième.*

2. —Aude arrive huitième? —Non, elle arrive *septième / sixième.*

3. —Georges arrive deuxième? —Non, il arrive *quatrième / premier.*

4. —Monique arrive dixième? —Non, elle arrive *onzième / neuvième.*

5. —Chantal arrive cinquième? —Non, elle arrive *quatrième / troisième.*

Who wins? _____   Who's last? _____

Nom _____

Classe _____ Date _____

B

Activité 1 La possession

Using **de,** identify who owns what belonging.

Modèle: 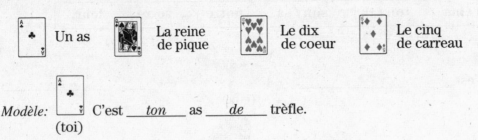 *C'est le chien de Jean-Luc.*

1. C'est l' _____ _____
   Robert.

2. C'est la _____ _____
   voisine.

3. Ce sont les _____ _____
   étudiants.

4. C'est la _____ _____
   prof.

5. C'est le _____ _____
   Amélie.

Activité 2 Un jeu de cartes

Fill in the blanks with the correct possessives and with **de,** following the example.

Un as   La reine   Le dix   Le cinq
            de pique   de coeur   de carreau

Modèle: C'est ___*ton*___ as ___*de*___ trèfle.
(toi)

1. C'est _____ as _____ pique.
   (moi)

2. C'est _____ as _____ carreau.
   (lui)

3. C'est _____ as _____ coeur.
   (toi)

4. C'est _____ reine _____ pique.
   (moi)

5. C'est _____ reine _____ coeur.
   (vous)

6. Ce sont _____ cinq et dix
   (vous)   _____ trèfle.

Activité 3 Qui est le gagnant?

The performances of the five long jump competitors are in parentheses. Put
them in order so that medals can be awarded.

1. Karine (2 m 80)   : _____
2. Philippe (3 m 50) : _____

3. Yannick (3 m 80) : _____
4. Sandrine (3 m 75) : _____

Or *(Gold)* _____   Argent *(Silver)* _____   Bronze _____

| premier |
| deuxième |
| troisième |
| quatrième |
| cinquième |

Nom _____

Classe _____ Date _____

Discovering FRENCH
Nouveau!

B L E U

Unité 5
Leçon 16

Activités pour tous

C

Activité 1 C'est à qui?

Everybody's belongings got mixed up at the summer camp. Answer the question **C'est à qui?**

Modèle: C'est l'affiche d'Alexandra.

(Alexandra)

1. (Alain) _____

2. (Brigitte) _____

3. (Pascal) _____

4. (Ming) _____

5. (Serge) _____

Activité 2 Mon arbre généalogique

Frédéric is telling you about his family members. Fill in the blanks with the correct possessive adjectives **(mon, ton, son...).**

1 _____
2 _____
3 _____
4 _____
5 _____
6 _____

C'est moi!

Activité 3 Dates de naissances

The Dumonts have five children. They are listed below with their birthdates. Write the ordinal number that indicates in what order each was born.

1. Frédéric, 25/01/82 _____

2. Sylvie, 10/04/86 _____

3. Sandrine, 14/06/84 _____

4. Anne, 02/09/80 _____

5. Patrick, 30/11/90 _____

Nom _____

Classe _____ Date _____

Discovering
FRENCH
Nouveau!

BLEU

Unité 5
Resources

Activités pour tous
Reading

UNITÉ 5   Reading Comprehension

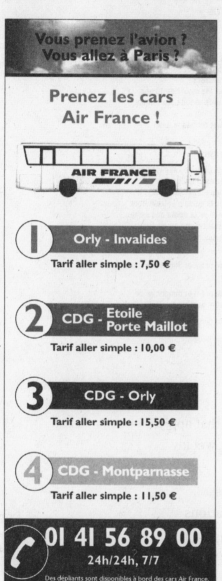

Vous prenez l'avion ?
Vous allez à Paris ?

**Prenez les cars
Air France !**

AIR FRANCE

1 Orly - Invalides

Tarif aller simple : 7,50 €

2 CDG - Etoile
Porte Maillot

Tarif aller simple : 10,00 €

3 CDG - Orly

Tarif aller simple : 15,50 €

4 CDG - Montparnasse

Tarif aller simple : 11,50 €

01 41 56 89 00
24h/24h, 7/7

Des dépliants sont disponibles à bord des cars Air France.
Leaflets available on board all Air France coaches.

A

Compréhension

1. This is an ad for:

   public transportation   airport shuttles

2. How many airports are featured?

   two   four

3. What are the airports called?

   _____

4. What does **aller simple** mean?

   one way   round trip

5. When can you make reservations?

   M-F   M-Sat   24/7

Qu'est-ce que vous en pensez?

1. What does **Prenez les cars Air France!** mean?

   Take Air France cars!   Take Air France buses!

2. Based on the prices, which airport is closer to Paris?

   _____

3. Based on the number of shuttles, which airport is
   bigger?

   _____

4. Bonus Question: CDG stands for the initials of the
   most famous 20th Century French politician. Do you
   know who that is?

   _____

Nom _____

Classe _____ Date _____

Discovering
FRENCH
Nouveau!
B L E U

carte musées–monuments

Valable 1, 3 ou 5 jours, la carte musées–monuments permet de visiter librement et sans attente 70 musées et monuments de Paris et d'Ile-de-France.

Avantages

– accès libre et prioritaire aux collections permanentes
– nombre de visites illimité
– possibilité d'achat à l'avance

Prix

– carte 1 jour : 15€
– carte 3 jours (consécutifs) : 25€
– carte 5 jours (consécutifs) : 35€

Points de vente à Paris

– musées et monuments participants
– principales stations de métro
– Office de Tourisme de Paris
– magasins FNAC
– escales Batobus

Attention

La carte n'inclut pas l'accès aux expositions temporaires, ni aux visites-conférences. La majorité des musées :
– sont gratuits pour les moins de 18 ans
– accordent des tarifs réduits aux jeunes de 18 à 25 ans
– sont généralement fermés le lundi ou le mardi

Avertissements

Les fermetures et gratuités exceptionnelles (grèves, jours fériés...) qui pourraient intervenir dans les établissements accessibles avec la carte n'entraîneront, ni le prolongement de la durée des cartes, ni le remboursement d'une ou plusieurs journées. Les cartes ne sont ni reprises, ni échangées.

○ Entrée gratuite le premier dimanche de chaque mois.

◖ Entrée gratuite le premier dimanche de chaque mois du 1er octobre au 31 mai inclus.

● Entrée gratuite le dimanche de 10h à 13h.

B

Compréhension

1. What kinds of museum passes are available? Circle all that apply.

   daily   2 days   3 days   5 days   weekly

2. Where are the passes sold? Circle all that apply.

   at museums and monuments   in bookstores

   at newspaper stands   at subway stations

3. When are the museums generally closed? Circle all that apply.

   Mon   Tue   Wed   Thu   Fri   Sat   Sun

4. Who has free access to museums and monuments?

   under 18   under 25   children

5. Museums marked with a 0 (white circle) are free . . .

   on Sundays   every other Sunday   the first Sunday of every month

Qu'est-ce que vous en pensez?

1. What do you think **tarifs réduits** means?

   free entry   reduced rate

2. What is an important advantage of having one of these passes?

   no lining up to buy tickets   discounts at participating stores

3. Would you need to buy one if you visited Paris this year?

   _____

Nom _____

Classe _____ Date _____

Discovering
FRENCH
Nouveau!

BLEU

Unité 5
Resources

Activités pour tous
Reading

MUSÉUM NATIONAL D'HISTOIRE NATURELLE

ZOO DU BOIS DE VINCENNES
- PARC ZOOLOGIQUE DE PARIS -

**Le Parc Zoologique de Paris,
pour découvrir et partager...**

Le Parc Zoologique de Paris vous accueille dans un espace arboré de 15 hectares, et vous présente ses 1200 pensionnaires.

Créé en 1934, à l'issue de l'exposition coloniale de 1931, le Parc Zoologique de Paris s'est transformé au fil des décennies pour devenir un des plus prestigieux parcs zoologiques du monde.

Les nombreuses espèces qui vous y sont présentées figurent, pour certaines, parmi les plus menacées de la planète, pour d'autres, parmi les plus spectaculaires.

Pour assurer leur bien-être et satisfaire 950 000 visiteurs par an, une équipe de 150 personnes oeuvre quotidiennement et s'implique inlassablement dans la protection et la conservation d'espèces.

Rattaché au Muséum National d'Histoire Naturelle, le Parc Zoologique de Paris met en oeuvre de nombreuses missions et s'impose en qualité d'expert en France et partout dans le monde.

Tarifs* *Prices*	Adulte	Enfant *(4 à 16 ans)*	Tarif réduit	Groupes scolaires
Entrée	7,62€	4,57€ *gratuit en dessous de 4 ans*	4,57€	1,52€ *par enfant*
Grand Rocher	3,05€	3,05€ *gratuit en dessous de 4 ans*	3,05€	3,05€ *par enfant*

(*) sous réserve de modification - except modifications

Consommation annuelle

660 tonnes de fourrage
120 tonnes de céréales
41 tonnes de fruits
92 tonnes de légumes
35 tonnes de viande
30 tonnes de poisson
3700 poulets
9500 oeufs

Ouvert tous les jours
de 9h à 17h ou 17h30 l'hiver
de 9h à 18h ou 18h30 l'été
Métro Porte Dorée, bus 46, 86, 325.

53, avenue de Saint-Maurice - 75012 PARIS
Tél. : +33 (0)1.44.75.20.00 - Fax : +33 (0)1.43.43.54.73

C

Compréhension

1. How large is the zoo? _____

2. How many animals live in the zoo? _____

3. What year did the zoo first open its doors? _____

4. How many people visit every year? _____

5. How many people work there? _____

6. Does the zoo open at the same time every day of the week? _____

Qu'est-ce que vous en pensez?

1. How many tons of food do the animals eat in total per year, not counting chickens and eggs?

    nearly 500 tons   nearly 1,000 tons   nearly 15,000 tons

2. How many acres does the zoo cover?   (1 hectare = 2.471054 acres)

    15 acres   30 acres   37.5 acres

Unité 6. Le shopping

LEÇON 17 Le français pratique: L'achat des vêtements

A

Activité 1 La mode

Classify the following articles of clothing as primarily for men and women or just for women.

	HOMMES & FEMMES	FEMMES
une chemise		
un pantalon		
une robe		
une ceinture		
un chemisier		
des collants		

Activité 2 L'intrus

Select the word that doesn't fit with the others.

1. une boutique   un magasin   des collants
2. des baskets   des sandales   des tennis
3. des sandales   un pantalon   un maillot de bain
4. une ceinture   une casquette   un chapeau
5. une jupe   une robe   une veste
6. un polo   un manteau   un imper

Activité 3 Au grand magasin

You are out shopping with a French-speaking friend. Get your friend's opinion on the various articles of clothing below. Fill in the blanks, using **penses** or **trouves,** circling the correct articles, and naming the articles of clothing.

1. Qu'est-ce que tu _____ du / des / les _____?

2. Comment est-ce que tu _____ le / les / des _____?

3. Qu'est-ce que tu _____ du / des / les _____?

4. Comment est-ce que tu _____ le / les / des _____?

Nom _____

Classe _____ Date _____

Discovering
FRENCH
Nouveau!

B L E U

B

Activité 1 Qu'est-ce que je porte?

Circle the two clothing items that would be appropriate for the situation described.

1. En hiver quand il neige, je porte: des bottes   un pull   une cravate

2. À la plage, je porte: un chemisier   un maillot   des sandales
                                                               de bain

3. Pour regarder un match au stade,   une casquette   une robe   un jean
   je porte:

4. Pour faire du jogging, je porte: des collants   des baskets   un survêtement

5. Pour aller au restaurant, je porte: un pantalon   un short   une chemise

Activité 2 Où va Olivia?

First, fill in the blanks with the names of the articles of clothing.
Then, decide where Olivia is going.

Olivia porte . . .   Elle va . . .

_____ 1.   et   a. à la plage.

_____   _____

_____ 2.   et   b. en ville et il pleut.

_____   _____

_____ 3.   et   c. à l'école.

_____   _____

_____ 4.   et   d. au gymnase.

_____   _____

Activité 3 Au grand magasin

Match each question with the best answer.

_____ 1. —Vous désirez, mademoiselle?   a. —Il coûte 145 euros.

_____ 2. —Combien est-ce qu'il coûte?   b. —Je pense qu'il est moche.

_____ 3. —Qu'est-ce que tu vas acheter?   c. —Je ne pense pas.

_____ 4. —Comment trouves-tu le blouson?   d. —Je cherche un maillot de bain.

_____ 5. —Tu penses que c'est bon marché?   e. —Je vais acheter des baskets.

Discovering
FRENCH
Nouveau!

BLEU

Unité 6
Leçon 17

Activités pour tous

C

Activité 1 Mes habitudes

Write answers in French to the following questions.

1. Est-ce que tu aimes faire du shopping?

   _____

2. Quelle sorte de magasin est-ce que tu préfères?

   _____

3. Est-ce que tu préfères acheter des vêtements élégants ou des vêtements de sport?

   _____

4. Quelle est ta couleur favorite pour les vêtements?

   _____

5. Combien est-ce que tu dépenses *(spend)* pour un pantalon élégant? Pour un jean?

   _____

Activité 2 Contraire ou synonyme?

In the left column, write adjectives with the *opposite* meaning. In the right column, list items of clothing that are rough *synonyms* of the items provided.

Contraires	Synonymes
1. joli _____	1. un jean _____
2. démodé _____	2. une casquette _____
3. grand _____	3. un manteau _____
4. long _____	4. une chemise _____
5. cher _____	5. des tennis _____

Activité 3 Mes vêtements

Write sentences listing at least three items of clothing that you wear in these situations.

1. Pour aller à la plage, _____.

2. Quand je vais au centre commercial, _____.

3. En hiver quand il fait froid, _____.

4. Pour aller à une soirée, _____.

5. Quand je dîne dans un restaurant élégant, _____.

Nom _____

Classe _____ Date _____

Discovering
FRENCH
Nouveau!

B L E U

Unité 6
Leçon 18

Activités pour tous

LEÇON 18   Rien n'est parfait!

A

Activité 1   Dialogues

Circle the correct verbs for the following dialogues.

1. —Alors, qu'est-ce que *tu préfères* / *tu mets?*
   —Je vais *acheter* / *apporter* le rouge.

2. —Tu vas au pique-nique cet après-midi?
   —Oui, et *j'espère* / *j'achète*   *apporter* / *amener* ma cousine.

3. —Ce soir, est-ce que *tu mets* / *tu apportes* une robe ou un pantalon?
   — *Je mets* / *J'apporte* un pantalon.

4. —Est-ce que *vous amenez* / *vous apportez* les boissons à la fête?
   —Oui, *nous achetons* / *nous espérons* les boissons cet après-midi. Qu'est-ce qu'ils
   préfèrent / *espèrent?*

Activité 2   Qu'est-ce que tu préfères?

Making your selections from the box, fill in the blanks with the correct forms of **quel.** Each
form will be used once.

quel	quelle	quels	quelles

1. _____ musique est-ce que tu préfères—la musique rap ou la musique country?

2. Je ne sais pas _____ chaussures vont mieux avec cette robe. Les noires ou les bleues?

3. _____ pantalon est-ce que tu préfères—le beige ou le gris?

4. _____ copains est-ce qu'elle invite ce soir?

Activité 3   De nouveaux vêtements

You are shopping for clothes with your best friend. Fill in the blanks with the correct form of
the demonstrative adjective **ce.**

1. Tu aimes _____ pull?

2. J'aime _____ imper!

3. _____ ceinture est parfaite pour mon pantalon.

4. Qu'est-ce que tu penses de _____ short?

5. Je vais acheter _____ baskets.

Nom _____

Classe _____ Date _____

B

Activité 1 Voyage en France

Vanessa is trying to decide what to bring on a trip to France and she is explaining everything over the phone to her friend Christine who lives there. Choose the correct verb forms to complete the paragraph.

Bon, alors, *j'apporte / j'amène* ma robe bleue pour dîner au restaurant. Mais *je dois acheter / j'achète* des chaussures élégantes. Pour nos promenades en montagne, *j'apporte / je mets* mon jean et mes baskets. Et *j'espère / j'espères   apporter / trouver* de nouveaux vêtements dans une grande surface ou dans un grand magasin en France. Je n'ai pas de maillot de bain ou d'imper et *je cherche / je trouve* une belle veste sympa.

Activité 2 Questions avec quel

Making your selections from the box, fill in the blanks with the correct forms of **quel.** Each form will be used once or more.

quel	quelle	quels	quelles

1. _____ programme est-ce que tu regardes?

2. Je ne sais pas _____ chapitres je dois étudier pour l'examen.

3. _____ veste est-ce que tu vas mettre aujourd'hui?

4. Alors, _____ chaussures est-ce que je dois acheter pour mettre avec ce sac?

5. _____ temps fait-il aujourd'hui?

Activité 3 De nouveaux vêtements

You are shopping for clothes with your best friend. Fill in the blanks with the correct forms of the demonstrative adjective **ce** and **ci / là** when necessary.

—Regarde ____ pull! Comment le trouves-tu?

—Il est vraiment beau.

—C'est décidé: j'achète le pull bleu. Et toi?

—Tu préfères ____ pantalon-____ ou ____ jupe-____?

—Je préfère la jupe.

—Moi aussi. Et puis, ____ imper est parfait. J'achète la jupe et l'imper.

Nom _____

Classe _____ Date _____

Discovering
FRENCH
Nouveau!

BLEU

Unité 6
Leçon 18

Activités pour tous

C

Activité 1 Achats de vêtements

Complete each sentence with a form of **acheter, préférer,** or **mettre.**

1. Aujourd'hui, je vais _____ (*acheter*) un pull. Je vais
   _____ (*mettre*) ce pull pour aller au restaurant ce soir.

2. Qu'est-ce que tu _____ (*préférer*)? Le bleu ou le vert? Yvonne et moi,
   nous _____ (*préférer*) le bleu.

3. Tu _____ (*mettre*) ce chemisier avec cette jupe?
   J'_____ (*espérer*) que non!

4. Pour l'anniversaire de Mimi aujourd'hui, Serge et moi, nous _____
   (*acheter*) des CD. Et toi, tu _____ (*acheter*) le gâteau?

5. Nous _____ (*espérer*) arriver à 7 heures et nous allons
   _____ (*amener*) notre cousine. D'accord?

Activité 2 Questions avec quel

Write the question that would produce each response. Use a form of **quel.**

1. _____? Je rentre à dix heures.
2. _____? C'est le deux mars.
3. _____? Mes chaussures préférées sont des tennis.
4. _____? Mon livre préféré est «Le Petit Prince.»
5. _____? Je cherche ma veste noire.

Activité 3 Ces photos de vacances

Your friend Aline is commenting on photos she brought back from her annual vacation in
Juan-les-Pins, in the South of France. Complete the paragraph with the correct forms of the
demonstrative adjective **ce.**

_____ quartier est vraiment sympa. Il y a beaucoup de boutiques et de cafés.

Dans _____ boutique, j'achète toujours des cadeaux. _____ hôtel est

cher, il est près de la plage. _____ parc est amusant: l'été, il y a des concerts.

Sur _____ photo, c'est un copain de mon frère. Il est mignon, non?

Nom _____

Classe _____ Date _____

Discovering
FRENCH
Nouveau!

BLEU

Unité 6
Leçon 19

Activités pour tous

LEÇON 19 Un choix difficile

A

Activité 1 Choisissez le verbe

First, circle the correct verb in each question. Then, fill in the blanks with the correct forms of the verbs in the responses.

1. —Vous *finissez / choisissez* à quelle heure?

   —Nous _____ à trois heures.

2. —Tu manges trop! Tu vas *réussir / grossir!*

   —Mais non! Je ne _____ pas.

3. —Ils *choisissent / réussissent* leurs vêtements pour la fête?

   —Oui. Et vous, vous _____ aussi vos vêtements?

4. —Tu *choisis / finis* le pantalon vert ou bleu?

   —J'aime le bleu, alors je _____ le pantalon bleu.

5. —En général, tu *finis / réussis* aux examens de français?

   —Oui, et ma copine _____ aussi.

Activité 2 En ville

You are showing your new Francophone friend around town and he is asking all kinds of questions. Making your selections from the box, fill in the blanks to complete your conversation. Each selection can be used only once.

—C'est un _____ hôtel?
—Oui, il est nouveau.

—C'est une _____ église?
—Non, elle est assez nouvelle.

—Ce sont de _____ restaurants?
—Non, ils sont assez nouveaux.

—Quels _____ magasins!
—Oui, et les rues sont belles aussi, n'est-ce pas?

—Et quelle _____ bibliothèque municipale!

belle
beaux
vieux
vieille
nouvel

Activité 3 Des comparaisons

Circle the most logical terms.

1. Des chaussettes coûtent *plus / aussi / moins* cher qu'une veste.
2. Une cassette vidéo est *plus / aussi / moins* moderne qu'un DVD.
3. Un tee-shirt est *plus / aussi / moins* confortable qu'un sweat.
4. Une comédie est *plus / aussi / moins* amusante qu'un documentaire.
5. Un champion de tennis est *plus / aussi / moins* sportif qu'un champion de jeux d'ordinateur.

Nom _____

Classe _____ Date _____

B

Activité 1 Choisissez le verbe.

Choose the verb that completes each statement.

1. Moi, je *grossis / choisis / maigris* le pantalon noir.
2. Michèle étudie toujours. C'est pour ça qu'elle *réussit / finit / maigrit* aux examens.
3. Vous *choisissez / finissez / réussissez* vos devoirs cet après-midi?
4. Nous *choisissons / finissons / grossissons* un DVD pour ce soir.
5. Est-ce que tu *choisis / finis / réussis* en maths?

Activité 2 En ville

Fill in the blanks with the correct forms of the adjectives to complete the short dialogues.

beau   bel   belle   beaux   belles

1. —Comment trouves-tu ce blouson?

   —C'est un _____ blouson.

   —Et ces polos?

   —Ils sont _____ aussi.

2. —Tu aimes cette voiture?

   —Oui, c'est une _____ voiture.

   —Et ces motos?

   —Ah oui, elles sont _____

nouveau   nouvel   nouvelle   nouveaux   nouvelles

3. —C'est un _____ immeuble?

   —Oui, il y a vingt _____ appartements.

4. —Tu aime ma _____ ceinture?

   —Oui, et j'aime tes _____ chaussures aussi.

vieux   vieil   vieille   vieilles

5. —J'aime ce _____ immeuble.

   —Oui. Ces _____ bâtiments sont beaux.

6. —Le _____ Nice est un quartier touristique.

   —Oui, les rues sont petites et _____.

Activité 3 Plus ou moins?

Fill in the blanks with **plus, aussi,** or **moins**.

1. Ton sac coûte 30 €. Mon sac coûte 45 €. Mon sac est _____ cher que ton sac.

2. Ta maison a cinq chambres. Mon appartement a trois chambres. Mon appartement est _____ grand que ta maison.

3. Nos grands-pères ont 76 ans. Mon grand-père est _____ vieux que ton grand-père.

4. Marie parle toujours en classe. Jeanne n'aime pas parler. Jeanne est _____ timide que Marie.

5. Je joue au foot. Tu joues aux cartes. Je suis _____ sportif que toi.

Nom _____

Classe _____ Date _____

Discovering
FRENCH
Nouveau!

BLEU

Unité 6
Leçon 19

Activités pour tous

C

Activité 1 Choisissez le verbe.

Read the sentences below then write logical conclusions using the helping verbs **aller**, **vouloir**, or **pouvoir** with a main verb selected from the box. Some of your conclusions can be negative.

Modèle: Je vais réussir à l'examen.

1. Je vais au cinéma avec Sylvie. Je _____ .

2. Ils étudient beaucoup. Ils _____ .

3. Elle veut les deux robes. Elle _____ .

4. Ma soeur travaille beaucoup. Elle _____ .

5. Il est quatre heures. Les classes _____ .

| choisir |
| finir |
| réussir |

Activité 2 Mes cadeaux d'anniversaire

You are showing your Francophone friend three new things you received for your birthday. Complete each sentence with an appropriate form of **beau, nouveau,** or **vieux.**

—C'est ton _____ appareil-photo?

—Oui. C'est un cadeau de mes grands-parents.

—Et cette _____ veste? Elle est _____!

—Ça, c'est un cadeau de ma tante.

—J'aime cette veste avec ton _____ jean.

—Oui, et mes _____ baskets!

—Tu as aussi un _____ ordinateur?

—Oui, ça, c'est un cadeau de mes parents. Génial, non?

Activité 3 Des comparaisons

Write sentences comparing the following items.

1. une veste et une paire de chaussettes (cher)

_____

2. une voiture et une moto (grand)

_____

3. les films d'action et les documentaires (amusant)

_____

4. le français et l'anglais (facile)

_____

Discovering
FRENCH
Nouveau!

B L E U

Unité 6
Leçon 20

Activités pour tous

LEÇON 20 Alice a un job

A

Activité 1 Où est-on?

People are eating local foods: match the capital cities on the right with the foods on the left.

____ 1. On mange des croissants.   a. On est à Tokyo.

____ 2. On mange des tacos.   b. On est à Paris.

____ 3. On mange du sushi.   c. On est à Rome.

____ 4. On mange des spaghettis.   d. On est à Washington.

____ 5. On mange des hot dogs.   e. On est à Mexico.

Activité 2 Quelques activités

Making your selections from the box, fill in the blanks with the correct conjugated verbs.

perds	rends visite	réponds	perdons	attendez	entendez

1. Le téléphone sonne. Tu _____?

2. Je _____ à mes grands-parents.

3. Est-ce que vous _____ bien la radio?

4. Est-ce que nous gagnons ou nous _____?

5. Ah, non! C'est la troisième fois que je _____ mes clés.

6. Qui est-ce que vous _____?

Activité 3 Allez!

Change the following statements to imperatives by crossing out words or letters.

Modèle: Tu écoutes le prof. > ~~Tu~~ écoute~~s~~ le prof!

1. Nous faisons une promenade.

2. Vous gagnez le match.

3. Nous attendons le bus.

4. Tu achètes le livre.

5. Tu regardes le tableau.

6. Tu prépares le dîner.

Nom _____

Classe _____ Date _____

Discovering FRENCH
Nouveau!

BLEU

Unité 6
Leçon 20

Activités pour tous

B

Activité 1 Les endroits

Determine whether the following statements are generally true or false and circle **Vrai** or **Faux**.

1. Au musée, on regarde des films. Vrai Faux
2. Dans un grand magasin, on peut acheter des vêtements. Vrai Faux
3. Dans un centre commercial, on peut visiter beaucoup de magasins. Vrai Faux
4. Aux grands magasins, on peut dépenser trop d'argent. Vrai Faux
5. À la bibliothèque, on vend des livres. Vrai Faux

Activité 2 Quelques activités

Read the questions and look at the pictures on the left. Fill in the blanks on the right to complete the answers with the correct verb form and vocabulary.

1. —Qu'est-ce que tu vends?

   —Je _____ mon _____.

2. —À qui est-ce que vous rendez visite ce week-end?

   —Nous _____ à nos _____.

3. —Qui perd?

   —Les joueurs de notre _____ _____ maintenant.

4. —Qu'est-ce que vous attendez?

   —Nous _____ le _____. Eux,

   ils _____ un _____.

5. —Où est-ce que vous allez attendre?

   —Nous allons _____.

Activité 3 Allez!

Rewrite the following statements to make imperatives.

Modèle: Tu écoutes le prof. > Écoute le prof!

1. Nous rendons visite aux copains. 4. Tu fais tes devoirs.

   _____ _____

2. Vous gagnez le match. 5. Tu vas aux grands magasins.

   _____ _____

3. Nous attendons Dominique. 6. Tu regardes le tableau.

   _____ _____

Nom _____

Classe _____ Date _____ _____

Discovering
FRENCH
Nouveau!

B L E U

Unité 6
Leçon 20

Activités pour tous

C

Activité 1 Des questions

Answer the following questions using **on**.

1. Est-ce que toi et tes copains, vous allez à l'école le samedi?

   _____

2. Est-ce que vous allez à la bibliothèque municipale le samedi?

   _____

3. Est-ce que vous faites souvent des promenades à vélo?

   _____

4. Est-ce que vous trouvez le français difficile?

   _____

Activité 2 Quelques activités

Fill in each blank with the appropriate form of one of the verbs in the box.

| attendre | entendre | perdre | rendre visite | répondre | vendre |

1. Allons-y! Les copains _____.
2. Je _____ mon vieux vélo demain.
3. Est-ce que tu _____ souvent ton parapluie?
4. J'_____ le téléphone! Tu vas _____?
5. Tu _____ le train? Voilà! Il arrive maintenant.
6. L'été, nous _____ à nos grands-parents.

Activité 3 Allez!

You are babysitting. Tell the children to do or not to do the following.

Modèle: Alain, ne mange pas trop!

1. Ludovic répond au téléphone. _____
2. Claire et Inès jouent avec l'ordinateur. _____
3. Monique n'attend pas son frère. _____
4. Sylvie ne vient pas là. _____
5. Bernard et Serge vont dans le jardin. _____

Nom _____

Classe _____ Date _____

Discovering
FRENCH
Nouveau!

BLEU

Unité 6
Resources

Activités pour tous
Reading

UNITÉ 6   Reading Comprehension

A

Griff'troc

DÉPÔT-VENTE
PRÊT-À-PORTER FÉMININ
COUTURE ET CRÉATEURS - ACCESSOIRES DE MARQUES

DEPÓSITO-VENTA - ROPA DE CONFECCIÓN FEMENINA
COSTURA DE CREADORES - ACCESORIOS DE MARCAS

SALE ON CONSIGNMENT - WOMEN'S READY TO WEAR
DESIGN AND FASHION - BRAND NAME ACCESSORIES

CHANEL - SAINT LAURENT - HERMÈS - ESCADA - ETC.

Tenue de ville :
17, bd de Courcelles - 75008 PARIS
Métro : Villiers

Tenue de soirée:
119, bd Malesherbes - 75008 PARIS

01 42 25 86 07

01 45 61 19 47

Fax : 01 43 80 97 47

Compréhension

1. How many branches does this store have?

    one   two   three

2. The store at the **boulevard Malesherbes** specializes in . . .

    business attire   evening attire

3. What is the French word for "attire?"

    _____

4. What expression means "ready-to-wear?"

    dépôt-vente   prêt-à-porter   couture

5. What expression means "sale on consignment?"

    _____

Qu'est-ce que vous en pensez?

1. Judging by the zip codes, these stores are . . .

    near each other.   far from each other.

2. How do you say "brand" in French?

    couture   marque

3. What expression tells you that you can find designer clothes here?

    dépôt   vente   couture

B

Corinne Sarrut
Boutique - Mariage
Prêt à Porter Féminin
Accessoires Divers
4, rue du Pré Aux Clercs - 75007 PARIS
01 42 61 71 60

Les Deux OURSONS
Pour Elle et Lui
Location jaquettes
Robes de soir
Chapeaux • Fourrures
Vente d'accessoires
Ouvert en août
Métro la Motte Picquet Grenelle
106 bd de Grenelle
75015 PARIS
01 45 75 10 77

jacadi
Prêt-à-porter
enfant 0-12 ans
Chaussures, puériculture,
chambres d'enfant
Vaycadi 17, rue Tronchet - 75008 PARIS
01 42 65 84 98
Métro : Madeleine, Havre-Caumartin

BELDAM
TAILLES DU 40 AU 60
UN IMMEUBLE ENTIER
PRET A PORTER FEMININ
FEMME FORTE
Métro : Porte d'Orléans
111, av. du Gén. Leclerc 75014 PARIS
01 45 40 47 72

Compréhension

1. Which store would someone go to in the following situations?

   a) If one just became a new aunt or uncle? _____

   b) If one were looking for a wedding gown? _____

   c) If a couple were going to a formal event? _____

2. Does **Les Deux Oursons** rent or sell men's clothes only?

   yes   no

3. Does **Les Deux Oursons** rent or sell accessories?

   rent   sell

4. Does the store **Corinne Sarrut** sell men's clothes?

   yes   no

5. What are two sorts of items **Jacadi** sells?

   a) _____ b) _____

Qu'est-ce que vous en pensez?

1. Why do you think **Les Deux Oursons** mentions that it is **ouvert en août?**

   because August is the season for elegant parties

   because many places are closed for vacation in August

2. What do you think **divers** means?

   matching   various

3. Say the store name **Beldam** aloud. Why did the store choose that name?

   It sounds like _____ [adjective]

   _____ [noun].

Nom _____

Classe _____ Date _____

Discovering FRENCH *Nouveau!*

BLEU

Unité 6
Resources

Activités pour tous
Reading

C

carte d'escompte -10%
12% détaxe
défilés de mode gratuits

10% Carte d'escompte 10% offerte avec ce coupon et
votre passeport étranger au Welcome Service,
R.d.C. Printemps de la Mode.

PRINTEMPS – 64, BD HAUSSMANN 75009 PARIS
METRO: HAVRE-CAUMARTIN – RER A: AUBER – RER E: HAUSSMANN-ST-LAZARE
OUVERT DU LUNDI AU SAMEDI DE 9H35 À 19H. NOCTURNE LE JEUDI JUSQU'À 22H.

Compréhension

1. What night is the store open late? _____

2. How do you say "fashion" in French? _____

3. How do you say "free" in French? _____

4. In order to get 10% off, what do you need to show along with this card?

   _____

5. On what floor is the Welcome Service? _____

Qu'est-ce que vous en pensez?

1. What kind of store is **Printemps**? _____

2. What do you think **carte d'escompte** means? _____

3. What is a **défilé de mode**? _____

Nom _____

Classe _____ Date _____

Unité 7. Le temps libre

LEÇON 21   Le français pratique:
Le week-end et les loisirs

A

Activité 1   Quand ça?

Avec les éléments donnés, écrivez des phrases complètes.

montrer ses photos	faire du ski	faire ses devoirs	aller à l'école
pendant la semaine	avant le dîner	pendant les vacances	après les vacances

1. Mes amis _____ .

2. Est-ce que tu _____ ?

3. Nous _____

4. Je _____

Activité 2   Les activités sportives

Pour chaque saison, choisissez la meilleure activité sportive et complétez la phrase.

1. Au printemps, on fait _____ .

2. En été, on fait _____ .

3. En automne, on fait _____ .

4. En hiver, on fait _____ .

Activité 3   À la maison

Choisissez le début et la fin de phrase qui vont ensemble.

_____ 1. Je range   a. le garage

_____ 2. Papa nettoie   b. viennent dîner.

_____ 3. Mon frère   c. nos parents.

_____ 4. Mes copains   d. ma chambre.

_____ 5. Nous aidons   e. répare sa mobylette.

Nom _____

Classe _____ Date _____

Discovering
FRENCH
Nouveau!

B L E U

B

Activité 1 Où et quand?

Complétez les phrases suivantes à l'aide des expressions ci-dessous.

1. Je fais mes devoirs _____ .

2. _____, nous organisons une boum.

3. Mes grands-parents habitent _____ .

4. Pendant l'été, nous allons _____ .

5. L'hiver, nous allons _____ .

6. _____, nous faisons beaucoup de promenades.

> à la maison
> à la campagne
> à la mer
> à la montagne
> le week-end
> pendant les vacances

Activité 2 Le sport

Faites correspondre le sport et l'équipement.

_____ 1. On a besoin d'un maillot de bain pour   a. faire du jogging.

_____ 2. On a besoin de baskets pour   b. faire du VTT.

_____ 3. On a besoin d'un bateau pour   c. faire de la natation.

_____ 4. On a besoin d'un vélo spécial pour   d. faire de la voile.

Activité 3 À la maison

Complétez les phrases suivantes à l'aide des illustrations et des verbes: **ranger, nettoyer, louer, aider, laver.**

1. _____   2. _____   3. _____   4. _____   5. _____

1. Pendant le week-end, Papa _____ le _____ .

2. Mon frère _____ la _____ .

3. Nous _____ une _____ .

4. Tu _____ ton petit frère à faire ses devoirs.

5. Le samedi matin, je _____ ma _____ .

C

Activité 1 Nos activités sportives

Complétez le paragraphe.

Moi, j'aime beaucoup _____ sport. Mes frères et soeurs _____ aussi du sport. Pendant l'année scolaire, je _____ roller, mes soeurs _____ jogging et mon frère _____ skate. En automne, j'aime _____ VTT mais en hiver, je préfère _____ ski. Au printemps, je _____ escalade et en été, nous _____ natation.

Activité 2 Le week-end chez nous

Complétez le paragraphe avec les verbes suivants.

> **aider   assister   faire   nettoyer   préparer   ranger   rencontrer   regarder**

Le samedi, nous _____ du sport et nous _____ nos parents. Je _____ le dîner, ma sœur _____ le salon, et mon frère _____ le vélo de ma sœur. Après, nous _____ un film. Le dimanche, je _____ mes copains, et mon frère et ma sœur _____ à un match de foot au stade.

Activité 3 Le sport

C'est à votre tour de poser des questions à un(e) ami(e), à l'aide des illustrations suivantes.

1. Quand _____?
2. Où _____?
3. Est-ce que tu _____?
4. Est-ce que tu _____?

Nom _____

Classe _____ Date _____

Discovering
FRENCH
Nouveau!

B L E U

Unité 7
Leçon 22
Activités pour tous

LEÇON 22 Vive le week-end!

A

Activité 1 Expressions avec avoir

Faites correspondre les phrases et les expressions avec **avoir**.

_____ 1. J'ai envie de manger deux hamburgers.

_____ 2. Ici, il fait du soleil avec une température de 90°.

_____ 3. Il neige et je n'ai pas de manteau.

_____ 4. Ottawa est la capitale du Canada.

_____ 5. J'ai gagné au loto.

_____ 6. Je veux une grande limonade.

_____ 7. Thomas Jefferson est le premier président des États-Unis.

a. Tu as froid, alors.

b. Tu as raison!

c. Tu as tort!

d. Tu as faim, alors.

e. Tu as chaud, alors.

f. Tu as soif, alors.

g. Tu as de la chance!

Activité 2 Qu'est-ce que vous avez fait hier?

Mettez les phrases suivantes au passé composé.

1. Je joue aux cartes. _____

2. Nous chantons dans la chorale. _____

3. Est-ce que vous mangez au restaurant? _____

4. Elle loue une cassette vidéo. _____

5. Est-ce que tu ranges ta chambre? _____

Activité 3 La bonne réponse

Faites correspondre les questions et les réponses.

_____ 1. Est-ce que tu as préparé la salade?

_____ 2. Quand est-ce que Marie a décoré le salon?

_____ 3. Pourquoi est-ce que Roger a invité Patrick?

_____ 4. Est-ce que tu as rangé les CD?

_____ 5. Où est-ce que tu as acheté ce dessert?

a. Oui, et j'ai aussi rangé les magazines.

b. J'ai acheté ce dessert au supermarché.

c. Non, mais j'ai préparé le dessert.

d. Elle a décoré le salon hier soir.

e. Parce qu'il a passé les vacances chez lui.

Nom _____

Classe _____ Date _____

B

Activité 1 Expressions avec avoir

Mettez un cercle autour de la bonne expression.

1. —Pourquoi est-ce que toutes les fenêtres sont fermées? —Parce que j'ai *de la chance / froid*.
2. —Pour qui est-ce que tu commandes ce plat? —Pour moi, parce que j'ai *faim / soif*.
3. —Pourquoi est-ce que tu insistes? —Parce que j'ai *froid / raison*.
4. —Pourquoi est-ce que tu ouvres la fenêtre? —Parce que j'ai *chaud / tort*.
5. —Je pense que Montréal est la capitale du Canada. —Tu as *soif / tort*.

Activité 2 La semaine dernière

Regardez les illustrations et complétez les phrases ou questions suivantes au passé composé.

1.  2.  3.  4.  5.

1. Mon père _____ une voiture.

2. Est-ce que tu _____ pour les examens?

3. Ils _____ leurs nouveaux CD.

4. Est-ce que vous _____ la fête?

5. Nous _____ au restaurant.

Activité 3 La bonne réponse

Faites correspondre les questions et les réponses.

_____ 1. Tu n'as pas visité la tour Eiffel?

_____ 2. Ton vélo marche?

_____ 3. Tu ne portes pas ton nouveau pantalon?

_____ 4. Tu n'as pas acheté le short beige?

_____ 5. Tu as dîné?

a. Non, j'ai choisi mon vieux pantalon.

b. Non, j'ai faim!

c. Non, j'ai préféré le noir.

d. Oui, j'ai réparé mon vélo hier.

e. Non, mais j'ai visité le musée d'Orsay.

Nom _____

Classe _____ Date _____ _____

Discovering
FRENCH
Nouveau!i!

B L E U

Unité 7
Leçon 22

Activités pour tous

C

Activité 1 Expressions avec avoir

Écrivez une phrase en utilisant une expression avec **avoir** qui correspond à chaque description.

1. —"Ranger" veut dire "to repair." —Tu _____!

2. —Je vais mettre mon pull. —Tu _____?

3. —Tu veux une limonade? —Non, merci, _____.

4. —Il y a 50 états aux États-Unis. —Tu _____.

5. —Elle a gagné 1000 € à la loterie. —Elle _____!

Activité 2 Le week-end dernier

Complétez les phrases avec le passé composé du verbe entre parenthèses.

1. Véronique a passé le week-end chez elle. D'abord, elle _____ (ranger) sa chambre.
Ensuite, elle _____ (inviter) des amis. Samedi soir, elle _____ (aider) sa
mère à préparer le dîner.

2. Tu as passé le week-end avec tes copains à la plage. D'abord, vous _____
(acheter) des sandwichs et des boissons. Ensuite, vous _____ (nager). Enfin, vous
_____ (jouer) au volley.

3. Mon frère a passé le week-end chez un ami. D'abord, ils _____ (réparer) leurs
vélos. Ensuite, ils _____ (louer) une cassette vidéo. Enfin, ils _____ (jouer)
aux jeux vidéo.

Activité 3 Les questions de Maman

Maman revient du travail. Elle veut savoir si les enfants ont tout fait. Répondez de manière
négative.

1. Est-ce que Nathalie a téléphoné à ses grands-parents?

_____

2. Est-ce que tu as rangé ta chambre?

_____

3. Est-ce que Simone et Béatrice ont préparé le dîner?

_____

4. Est-ce que vous avez étudié pour vos examens?

_____

Discovering
FRENCH
Nouveau!

B L E U

Unité 7
Leçon 23

Activités pour tous

LEÇON 23: L'alibi

A

Activité 1 C'est à voir!

Complétez les phrases en conjugant le verbe **voir.**

1. Pierre ne _____ pas bien sans lunettes.

2. Vous _____ le garçon là-bas? C'est mon cousin.

3. Est-ce que les étudiants au fond de la classe _____ bien le tableau?

4. Hélène et moi, nous _____ un film au cinéma ce soir.

5. Est-ce que tu _____ des erreurs dans ma composition de français?

Activité 2 Hier

Mettez les phrases suivantes au passé composé à l'aide des participes passés **vendu, répondu, fini, attendu** ou **choisi.**

1. Nous attendons le bus. Hier aussi, nous avons _____ le bus.

2. Il est 19 heures et je finis mes devoirs. Hier aussi, j'ai _____ mes devoirs à 19h.

3. Patricia vend des CD. Le mois dernier aussi, elle a _____ des CD.

4. Tu choisis une pizza. Hier aussi, tu as _____ une pizza pour le déjeuner.

5. Vous ne répondez pas au téléphone? Hier non plus, vous n'avez pas _____ au téléphone.

Activité 3 Dialogues

Complétez les phrases suivantes à l'aide des participes passés **vu, eu, fait** ou **été.**

1. —Avez-vous déjà _____ à Montréal?

   —Non, je n'ai pas encore _____ à Montréal.

2. —Est-ce que tu as déjà _____ un accident?

   —Oui, j'ai _____ un accident de vélo.

3. —Christelle, est-ce que tu as _____ tes devoirs?

   —Oui, Maman, j'ai _____ mes devoirs.

4. —Est-ce que vous avez _____ un bon film le week-end dernier?

   —Oui, nous avons _____ un film excellent.

Nom _____

Classe _____ Date _____

Discovering
FRENCH
Nouveau!

B L E U

B

Activité 1 C'est à voir!

Choisissez la forme correcte du verb **voir** pour compléter les phrases suivantes.

1. Nous ne _____ pas souvent nos grands-parents.

2. Mes cousins, eux, _____ mes grands-parents tous les mois.

3. Je _____ un film toutes les semaines.

4. Est-ce que tu _____ le score du match?

5. Est-ce que vous _____ bien le tableau?

6. Marc ne _____ plus Claire.

Activité 2 Hier

Mettez les phrases suivantes au passé composé à l'aide des participes passés **attendu, répondu, choisi** ou **fini.**

1. Aujourd'hui, je choisis mes vêtements pour l'école.

   Hier aussi, j' _____ mes vêtements.

2. Aujourd'hui, ma petite soeur finit ses devoirs.

   Hier aussi, elle _____ ses devoirs.

3. Aujourd'hui, tu attends le bus pendant longtemps.

   Hier aussi, tu _____ le bus pendant longtemps.

4. Aujourd'hui, ils ne répondent pas au téléphone.

   Hier non plus, ils _____ au téléphone.

Activité 3 Dialogues

Complétez les phrases suivantes à l'aide des mots ci-dessous.

été	eu	fait	mis	vu
hier	l'hiver dernier	le week-end	la semaine	dernières

1. —Quand est-ce que vous avez _____ le film?

   —Nous avons _____ le film _____ dernier.

2. —Qu'est-ce que tu as _____ _____ soir?

   —_____ soir, j'ai _____ mes devoirs.

3. —Est-ce que tu as _____ un accident de ski _____?

   —Oui, _____, j'ai _____ un accident de ski.

4. —Où est-ce que vous avez _____, les vacances _____?

   —Les vacances _____, nous avons _____ à Tahiti.

5. —Quand est-ce que tu as _____ ton pull?

   —J'ai _____ mon pull pour aller au cinéma _____ dernière.

Nom _____

Classe _____ Date _____

Discovering
FRENCH
Nouveau!

BLEU

Unité 7
Leçon 23

Activités pour tous

C

Activité 1 Qu'est-ce qu'ils voient?

Conjuguez le verbe **voir** pour expliquer la vue de la fenêtre.

1. Mes parents _____ la maison du voisin.

2. Ma soeur et moi, nous _____ la rue.

3. Mon copain _____ un jardin.

4. Karine, est-ce que tu _____ aussi un jardin?

5. Et vous, qu'est-ce que vous _____?

Activité 2 La semaine dernière

Mettez ces verbes au passé composé pour compléter les phrases.

choisir	finir	répondre à	rendre visite à	attendre

1. La semaine dernière, est-ce que tu _____ ta tante à Montréal?

2. Hier, nous n'_____ le bus. Nous avons marché.

3. Au dernier examen, j'ai bien _____ toutes les questions!

4. C'est la fête d'anniversaire de Sylvie. Elle _____ une belle robe pour la boum.

5. Qui n'_____ son dîner?

Activité 3 Mais non!

Écrivez des phrases qui indiquent que les gens ont déjà (*already*) fait les activités suivantes.

Modèle: —*Est-ce que tu vas voir tes cousins le week-end prochain?*
 —*Mais non, j'ai vu mes cousins le week-end dernier!*

1. —Est-ce que Thérèse va voir le prof demain?

 —_____!

2. —Est-ce que tu vas faire du skate cet après-midi?

 —_____!

3. —Est-ce que vous allez avoir des vacances la semaine prochaine?

 —_____!

4. —Est-ce que nous allons mettre le couvert?

 —_____!

5. —Est-ce que tes copains vont être au café samedi prochain?

 —_____!

Nom _____

Classe _____ Date _____

Discovering
FRENCH *Nouveau!*

B L E U

Unité 7
Leçon 24

Activités pour tous

LEÇON 24 Qui a de la chance?

A

Activité 1 Avoir ou être?

Choisissez **avoir** ou **être** pour compléter les phrases suivantes.

1. Ma soeur _____ allée au cinéma hier soir.

2. Nous _____ arrivés à 4 heures.

3. Est-ce que vous _____ fini vos devoirs?

4. Ils _____ attendu le bus jusqu'à 6 heures.

5. À quelle est-ce que vous _____ rentrés?

Activité 2 Jamais

Écrivez des phrases négatives avec **jamais** et les verbes ci-dessous. Utilisez le présent pour les phrases 1-2 et le passé composé pour les phrases 3-4.

 1. 2. 3.   4.

étudier

faire

voir

jouer

1. Je _____ le samedi.

2. Nous _____ de camping.

3. Mon copain _____ la tour Eiffel.

4. Tu _____ aux jeux vidéo?

Activité 3 Personne ou rien?

Vous étudiez chez vous et un ami vous téléphone. Choisissez entre **personne** et **rien** pour répondre correctement à ses questions.

1. —Tu joues à quelque chose?
   —Non, je ne joue à *personne* / *rien*.

2. —Tu veux manger quelque chose?
   —Non, je ne veux *personne* / *rien*.

3. —Tu téléphones à quelqu'un?
   —Non, je ne téléphone à *personne* / *rien*.

4. —Tu rends visite à quelqu'un?
   —Non, je ne rends visite à *personne* / *rien*.

5. —Tu invites quelqu'un chez toi?
   —Non, je n'invite *personne* / *rien*.

6. —Tu regardes quelque chose à la télé?
   —Non, je ne regarde *personne* / *rien*.

Discovering
FRENCH
Nouveau!

B L E U

B

Activité 1 Qu'est-ce que chacun a fait?

Complétez les phrases suivantes au passé composé avec les verbes ci-dessous.

arriver	aller	venir	rentrer	rester

1. Mes amies sont _____ il y a une heure.

2. Ta famille et toi, où est-ce que vous êtes _____ en vacances?

3. Patrick est _____ ici hier.

4. François, à quelle heure est-ce que tu es _____ à la maison?

5. Nous sommes _____ dans un hôtel très sympa à Paris.

Activité 2 Jamais?

Déterminez si les phrases suivantes sont vraies ou fausses. Si elles sont fausses, écrivez une phrase complète avec **jamais.**

Modèle: Vous avez visité Québec.   Vrai   (Faux)   Je n'ai jamais visité Québec.

1. Vous avez rencontré le président des États-Unis.   Vrai   Faux

   _____.

2. Vous êtes allé(e) en France.   Vrai   Faux

   _____.

3. Vous êtes resté(e) dans un hôtel de luxe.   Vrai   Faux

   _____.

4. Vous avez eu 100% à un examen.   Vrai   Faux

   _____.

Activité 3 La bonne réponse

Complétez chaque réponse avec **pas, jamais, personne** ou **rien.**

pas	jamais	personne	rien

1. —Est-ce que tu veux une boisson? —Non, merci, je n'ai _____ soif.

2. —Est-ce que tu veux faire quelque chose? —Non, je ne veux _____ faire.

3. —Est-ce que tu manges quelque chose? —Non, je ne mange _____.

4. —Est-ce qu'il y a quelqu'un au téléphone? —Non, il n'y a _____ au téléphone.

5. —Est-ce que tu étudies le samedi soir? —Non, je n'étudie _____ le samedi soir.

6. —Est-ce que tu vas chez quelqu'un? —Non, je ne vais chez _____.

Discovering French, Nouveau! Bleu

Nom _____

Classe _____ Date _____ _____

Discovering
FRENCH
Nouveau!

B L E U

Unité 7
Leçon 24

Activités pour tous

C

Activité 1 Hier

Écrivez les phrases de nouveau pour indiquer que les activités ont eu lieu hier.

1. Ma famille et moi, nous allons au restaurant. _____.

2. Elle ne reste pas chez elle. _____.

3. Ils arrivent à deux heures. _____.

4. Quand est-ce que tu rentres? _____.

5. Vous venez dîner chez nous. _____.

Activité 2 Jamais

Écrivez des phrases pour dire que les activités suivantes n'ont jamais eu lieu.

1. Ils ont gagné un million de dollars.

   _____

2. Mon père a acheté deux voitures.

   _____

3. Tu as dîné au restaurant «La Tour d'Argent» à Paris.

   _____

4. Je suis arrivé en retard au cours.

   _____

5. Nous sommes allés à Tahiti.

   _____

Activité 3 Personne ou rien?

Répondez aux questions suivantes de manière négative.

1. —Est-ce que tu vas au café avec quelqu'un? —_____

2. —Est-ce que tu mets quelque chose quand il pleut? —_____

3. —Est-ce que tu parles de quelqu'un avec tes amis? —_____

4. —Est-ce que tu fais quelque chose vendredi soir? —_____

Nom _____

Classe _____ Date _____

Discovering
FRENCH
Nouveau!

BLEU

Unité 7
Resources

Activités pour tous
Reading

UNITÉ 7   Reading Comprehension

A

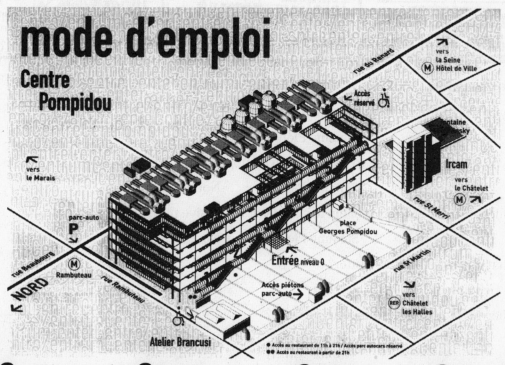

niveau 6 — Expositions
1 Galerie 1 - 2 Galerie 2 -
3 Galerie 3 - 4 Restaurant
5 Librairie

niveau 4 — Musée (entrée)
1 Collections de 1960 à nos jours
2 Espace nouveaux médias -
3 Salon du Musée - 4 Galerie du Musée -
5 Galerie d'art graphique -
6 Audioguide - 7 Librairie

niveau 2 — Bibliothèque
1 Fonds général - 2 Espace
d'autoformation - 3 Télévisions
du monde - 4 Salle de presse -
5 Cafétéria de la Bpi

niveau 0 — Forum
1 Forum - 2 Information générale -
3 Vente Laissez-passer - 4 Accueil
des groupes. Ateliers éducatifs -
5 Galerie des enfants - 6 Billetterie -
7 Vestiaire - 8 La Poste - 9 Librairie

niveau 5 — Musée
1 Collections de 1905 à 1960
2 Terrasse sculptures Calder
3 Terrasse sculptures Ernst, Miró
4 Terrasse sculptures Laurens

niveau 3 — Bibliothèque
1 Espace son-vidéo - 2 Fonds
général - 3 Documentation du Musée
et Cabinet d'art graphique
(accès réservé)

niveau 1 — Bibliothèque. Cinéma 1,
Exposition (entrées)
1 Bibliothèque Espace
de références - 2 Cinéma 1 -
3 Boutique - 4 Café -
5 Exposition Galerie sud

niveau -1 — Espace spectacles
1 Foyer - 2 Billetterie -
3 Cinéma 2 - 4 Petite salle -
5 Grande salle

Compréhension

1. On what levels can you purchase your ticket?   −1   0   1   2   3   4   5   6

2. On what levels is the library?   −1   0   1   2   3   4   5   6

3. On what level are special exhibits?   −1   0   1   2   3   4   5   6

4. On what levels are films shown?   −1   0   1   2   3   4   5   6

5. On what level can you buy books and postcards?   −1   0   1   2   3   4   5   6

6. On what levels would you find something to eat?   −1   0   1   2   3   4   5   6

Qu'est-ce que vous en pensez?

1. How do you say "Level 1" in French?

_____

2. How do you say "Exhibit" in French?

_____

3. What do you think "Vestiaire" means?

_____

Nom _____

Classe _____ Date _____

B

Compréhension

1. If you were afraid of heights, which company would you *not* call?

    Air Aventures   Simame Plongée   Nomades

2. If you did not know how to swim, which company would you *not* call?

    Air Aventures   Simame Plongée   Nomades

3. Which of these stores probably has the least expensive products or services?

    Air Aventures   Simame Plongée   Nomades

4. What does Air Aventures offer?

    equipment   activities

5. Where is **la plongée sous-marine** done?

    in the air   under water   in the street

Qu'est-ce que vous en pensez?

1. What does **location** mean?

    rental   repair

2. How would you say "equipment" in French?

    matériel   réparations

3. How would you say "repairs" in French?

    matériel   réparations

Nom _____

Classe _____ Date _____

Discovering
FRENCH
Nouveau!

BLEU

Unité 7 Resources
Activités pour tous
Reading

C

BNP PARIBAS

PARRAINE LA COUPE DAVIS

Fidèles au tennis comme à nos clients

En 2002, BNP PARIBAS DEVIENT LE SPONSOR OFFICIEL DE LA COUPE DAVIS. BNP Paribas est une banque internationale, présente dans plus de 85 pays et employant 80 000 personnes de toutes nationalités. Soucieuse d'adapter son activité de sponsoring à sa nouvelle dimension mondiale, la banque devient aujourd'hui le Sponsor Officiel de la Coupe Davis, qui compte actuellement 120 pays participants, tout en continuant à être le parrain officiel de Roland Garros. BNP Paribas montre ainsi que son engagement à long terme envers le monde du tennis est à l'image des relations qu'elle construit avec ses clients, fondées sur l'engagement et la confiance.

Compréhension

1. What is **La Coupe Davis?**

   a tennis tournament   a cycling competition   a sailing competition

2. **BNP Paribas** is . . .

   a tennis manufacturer   a tennis organization   a bank

3. How many countries participate in **La Coupe Davis?**

   85   120

4. In how many countries is **BNP Paribas** located?

   85   120

5. What kind of competitors participate in **La Coupe Davis?**

   top French and U.S. players   top players representing their countries

Qu'est-ce que vous en pensez?

1. Looking at the title, what is the French verb equivalent for "sponsors?"

   présente   parraine   devient

2. **BNP Paribas** is...

   a local bank   a national bank   an international bank

3. What does "actuellement" mean?

   currently   actually

Discovering
FRENCH
Nouveau!
BLEU

Nom _____

Classe _____ Date _____

Unité 8. Les repas

LEÇON 25 Le français pratique:
Les repas et la nourriture

A

Activité 1 Le couvert

Vous êtes au restaurant et le serveur a oublié le nécessaire. Mettez un cercle autour des mots pour compléter vos phrases.

1. J'ai besoin d'*un verre* / *une assiette* pour ma boisson!

2. J'ai besoin d'*un verre* / *un couteau* pour mon steak!

3. J'ai besoin d'*une serviette* / *une fourchette* pour ma salade!

4. J'ai besoin d'*un couteau* / *une cuillère* pour ma glace!

5. Je voudrais *une tasse* / *un verre* de café. Merci!

Activité 2 Les repas

Quand est-ce que les Français mangent les aliments suivants, au petit déjeuner ou au dîner?

	le veau	le riz	la confiture	le pain	le poulet	les légumes	un oeuf
au petit déjeuner							
au dîner							

Activité 3 Les aliments

Mettez un cercle autour de l'article correct et identifiez chaque aliment ci-dessous.

1.  le / la / l' _____

2.  une / des _____

3. le / la / l' _____

4. le / la / l' _____

5. le / la / l' _____

6. un / une _____

7.  le / la / l' _____

8. un / une _____

9. une / une _____

10. un / des _____

Nom _____

Classe _____ Date _____

B

Activité 1 Le couvert

Complétez l'illustration à l'aide du vocabulaire.

une assiette

une fourchette

un couteau

une cuillère

un verre

une serviette

Activité 2 Les aliments

Complétez les phrases suivantes à l'aide des illustrations et mettez un cercle autour du mot du même ordre *(related)*.

1. J'aime _____ mais je déteste *le lait / le sucre.*

2. J'aime _____ mais je déteste *le poulet / la tarte.*

3. J'aime _____ mais je déteste *le ketchup / les petits pois.*

4. J'aime _____ mais je déteste *les céréales / les bananes.*

5. J'aime _____ mais je déteste *le riz / le saucisson.*

Activité 3 L'intrus

Mettez un cercle autour du mot qui ne va pas avec les autres.

1. une banane   une poire   le fromage

2. un oeuf   une livre   un kilo

3. des haricots verts   des hors-d'oeuvre   des petits pois

4. une pomme de terre   un pamplemousse   une cerise

Discovering
FRENCH
Nouveau!!

B L E U

Unité 8
Leçon 25

Activités pour tous

C

Activité 1 Questions

Répondez aux questions.

1. —Est-ce que tu déjeunes chez toi pendant la semaine? —_____

2. —Quel repas est-ce que tu préfères? —_____

3. —Quel est ton plat favori? —_____

4. —Quelle est ta cuisine préférée? —_____

Activité 2 Les aliments

Écrivez trois aliments qui vont dans chaque catégorie, en commençant par l'aliment illustré.

1. _____ _____ _____

2. _____ _____ _____

3. _____ _____ _____

4. _____ _____ _____

5. _____ _____ _____

Activité 3 Les repas

Écrivez ce que vous préférez manger à chaque repas. Utilisez l'article défini (le, la, l', les).

1. Au petit déjeuner, j'aime _____.

2. Au déjeuner, j'aime _____.

3. Au dîner, j'aime _____.

Nom _____

Classe _____ Date _____ _____

Discovering
FRENCH
Nouveau!

BLEU

Unité 8
Leçon 26

Activités pour tous

LEÇON 26 À la cantine

A

Activité 1 Vouloir

Complétez les phrases en conjugant le verbe **vouloir**. Utilisez une fois chaque forme.

je veux / voudrais	**nous voulons**
tu veux	**vous voulez**
il/elle veut	**ils/elles veulent**

1. Est-ce que tu _____ aller au ciné avec moi?

2. Oui, je _____ bien!

3. Où est-ce que vous _____ mettre cette affiche?

4. Mes copains _____ une pizza.

5. Ma soeur _____ déjeuner à la cantine.

6. Je _____ un café, s'il vous plaît.

7. Nous ne _____ pas sortir parce qu'il fait très froid.

Activité 2 Le petit déjeuner

Choisissez les articles qui complètent correctement les phrases.

du	**de la**	**des**	**de**

Au petit déjeuner, je prends _____ jus d'orange et une tartine avec

_____ confiture. Je ne mets pas _____ beurre sur ma tartine. Je

bois aussi _____ café au lait avec _____ sucre. Je ne prends pas

_____ céréales.

Activité 3 Prendre, apprendre, comprendre

Choisissez le verbe qui complète chaque phrase.

1. Mon copain *apprend / comprend* à faire du ski.

2. Nous *comprenons / prenons* du thé glacé en été.

3. Marc et Alain *apprennent / prennent* toujours le métro.

4. Est-ce que tu *prends / apprends* le français à l'école?

5. Après le repas, j'ai *pris / compris* une glace.

6. Est-ce qu'elle a *appris / compris* la question du prof?

Discovering
FRENCH
Nouveau!

B L E U

Nom _____

Classe _____ Date _____ _____

B

Activité 1 La bonne réponse

Choisissez la réponse la plus logique.

_____ 1. Tu as faim? Qu'est-ce que tu veux?

a. Je voudrais un croissant.
b. Oui, je veux bien!

_____ 2. Où avez-vous dîné hier soir?

a. Je veux aller à mon restaurant favori mais il est fermé le dimanche.
b. J'ai voulu aller à mon restaurant favori mais il est fermé le dimanche.

_____ 3. Est-ce qu'il va être en vacances bientôt?

a. Oui, et il veut faire du ski.
b. Oui, et il a voulu faire du ski.

_____ 4. Est-ce que tu veux aller voir un film demain?

a. Oui, je veux bien!
b. Oui, j'ai bien voulu.

Activité 2 Les repas

Choisissez les articles qui complètent correctement les phrases.

le	la	un	du	de la

Pour le petit déjeuner, j'aime _____ pain et _____ confiture. Au

déjeuner, je prends en général _____ hors-d'oeuvre, _____ viande,

_____ fromage, et _____ dessert. Au dîner, je prends _____

poisson et _____ salade.

Activité 3 Prendre, apprendre, comprendre et vouloir

Choisissez le bon verbe pour chaque phrase et conjuguez-le pour compléter la phrase correctement.

vouloir	prendre	apprendre	comprendre

1. Je ne _____ pas être en retard au cours.

2. Nous _____ le bus pour aller à l'école tous les matins.

3. Je ne _____ pas toujours les questions du prof de français.

4. Nous ne _____ pas faire de promenades le week-end.

5. Samedi dernier, j' _____ à jouer à un nouveau jeu vidéo.

6. Mes petits frères _____ regarder la télévision avec nous.

Discovering
FRENCH
Nouveau!
B L E U

Unité 8
Leçon 26

Activités pour tous

C

Activité 1 Une petite histoire

Complétez le paragraphe avec **voudrais** et les formes correctes du verbe **vouloir** au présent et au passé composé.

Hier, nous _____ jouer au tennis. Mais il a fait mauvais, alors, nous

sommes allés au cinéma. J' _____ voir un film d'aventure mais mes amis

_____ voir une comédie. Nous avons voté et vu la comédie. Le week-end

prochain, je _____ voir le film d'aventure. Est-ce que tu _____

venir avec moi? Mes soeurs _____ venir aussi.

Activité 2 L'article partitif

Choisissez les articles qui complètent correctement les phrases. Attention à l'usage de l'article!

un	une	du	de la	de

Hier, nous sommes allés déjeuner dans _____ bistro. J'ai commandé

_____ sandwich et _____ salade verte. Ensuite, j'ai mangé

_____ fromage. Mon ami Serge a pris _____ steak-frites avec

_____ pain. Mon amie Corinne a aussi commandé _____

viande. Comme dessert, elle a mangé _____ poire. Serge et moi, nous

avons pris _____ gâteau. Personne n'a pris _____ soupe.

Activité 3 Hier, aujourd'hui, d'habitude

Transformez les phrases suivantes du présent au passé et vice-versa.

1. Ils boivent du jus de fruit au déjeuner. _____.
2. J'ai pris le train. _____.
3. Nous avons voulu attendre nos amis. _____.
4. Elles apprennent la table de multiplication. _____.
5. Tu as bu du lait. _____.

Nom _____

Classe _____ Date _____ _____

Unité 8
Leçon 27
Activités pour tous

B L E U

LEÇON 27 Un client difficile

A

Activité 1 Dialogues

Choisissez le bon pronom pour chaque phrase. Utilisez une fois chaque pronom.

m'	moi	te	t'	nous	vous

1. —Est-ce que ton frère _____ aide en maths?

   —Oui, il _____ aide.

2. —Est-ce que vos parents _____ donnent de l'argent le samedi?

   —Oui, ils _____ donnent de l'argent, à ma soeur et moi.

3. —Mathilde, je veux _____ montrer mes photos de vacances!

   —Super. Montre-_____ tes photos.

Activité 2 S'il te plaît

Faites correspondre les phrases qui vont ensemble.

_____ 1. J'ai envie de jouer au tennis.

_____ 2. Je déteste les légumes.

_____ 3. Je voudrais inviter Stéphane.

_____ 4. Je n'aime pas la couleur orange.

_____ 5. J'ai vraiment envie de voir ce film.

a. Ne m'apporte pas de haricots verts.

b. Ne m'achète pas ce pull moche.

c. Apporte-moi une raquette, s'il te plaît.

d. Prête-moi 10 euros, s'il te plaît.

e. Donne-moi son numéro de téléphone.

Activité 3 Loisirs et obligations

Choisissez la forme du verbe qui complète la phrase correctement.

je dois / peux	nous devons / pouvons
tu dois / peux	vous devez / pouvez
il / elle doit / peut	ils / elles doivent / peuvent

1. Pour mettre ce maillot de bain, je _____ perdre cinq kilos!

2. Ils ne _____ pas aller au café parce qu'ils _____ étudier.

3. Nous ne _____ pas aller au cinéma cet après-midi parce que nous _____ organiser la fête d'anniversaire de Natasha.

4. Elle ne _____ pas aller au stade avec nous parce qu'elle _____ aider sa mère.

5. Est-ce que tu _____ aller au ciné avec moi demain?

Nom _____

Classe _____ Date _____

B

Activité 1 C'est réciproque!

Complétez les phrases en choisissant les pronoms de la case ci-dessous. Utilisez une fois chaque pronom.

me	m'	te	nous	vous

Modèle: Tu téléphones à Marc. Marc <u>te</u> téléphone aussi.

1. J'aide mes soeurs et elles _____ aident aussi.

2. Nous donnons des cadeaux à nos parents. Ils _____ donnent aussi des cadeaux.

3. Tu donnes un CD à Danièle. Elle _____ donne aussi un CD.

4. Vous nous montrez vos photos. Nous _____ montrons aussi nos photos.

5. Je vous prête de l'argent. Vous _____ prêtez aussi de l'argent.

Activité 2 L'impératif

Est-ce que ce sont des phrases affirmatives ou impératives?

1. Tu ne me téléphones jamais.	Affirmatif	Impératif
2. Aide-moi avec mes devoirs de maths.	Affirmatif	Impératif
3. Ne me montre pas ces photos.	Affirmatif	Impératif
4. Je te donne ce beau pull.	Affirmatif	Impératif
5. Ne m'attends pas après le match.	Affirmatif	Impératif
6. Donne-moi un hamburger, s'il te plaît.	Affirmatif	Impératif

Activité 3 Des choses à faire

Faites correspondre les phrases qui vont ensemble.

_____ 1. Je n'ai pas d'argent.   a. Je peux demander au prof demain.

_____ 2. Mon copain a un examen demain.   b. Je dois travailler.

_____ 3. Je ne comprends pas cet exercice.   c. Il doit étudier ce soir.

_____ 4. Nous avons une semaine de vacances. d. Nous devons faire un gâteau.

_____ 5. C'est l'anniversaire de Brigitte.   e. Nous pouvons aller à Montréal.

Nom _____

Classe _____ Date _____

C

Activité 1 Services et dons personnels

Écrivez des phrases à l'aide des illustrations et des verbes ci-dessous. Utilisez un pronom personnel dans chaque phrase.

prêter	donner à	aider	téléphoner à

1. Pour Noël, ma grand-mère _____ .

2. Mon frère _____ .

3. Hier, Bertrand _____ .

4. Tenez, je _____ .

Activité 2 S'il te plaît . . . écoute-moi!

Faites des phrases à l'impératif pour avoir l'aide de votre ami.

1. J'ai envie d'une pizza.   _____!

2. La fenêtre est ouverte et j'ai froid.   _____!

3. J'ai besoin de 5 €.   _____!

4. Je ne veux pas aller seule au grand magasin. _____!

Activité 3 Loisirs et obligations

Complétez chaque phrase en conjugant **devoir** ou **pouvoir**.

1. Je ne _____ pas sortir, je _____ ranger ma chambre.

2. Nous ne _____ pas jouer au tennis, il pleut.

3. Est-ce que tu _____ terminer tes devoirs hier?

4. Demain, nous _____ aider Papa à nettoyer le garage.

5. Les enfants ne _____ pas regarder le film, ils _____ aller au lit.

Discovering FRENCH *Nouveau!*

B L E U

LEÇON 28 Pique-nique

A

Activité 1 Une fête

Complétez les phrases en conjugant le verbe **connaître**.

—Laetitia, est-ce que tu _____ mon frère?

—Non, je ne le _____ pas. Bonjour!

—Bonjour. Je m'appelle Hugues. Vous vous

_____ bien?

—Non, nous nous _____ depuis seulement

six mois.

—Et est-ce que tes parents _____ mes

parents?

Activité 2 Dialogues

Complétez les dialogues suivants à l'aide des pronoms. Utilisez une fois chaque pronom.

| lui | leur | l' | la | les |

1. —Comment trouves-tu cette robe?
   —Je _____ trouve jolie.
   —Et ces chaussures?
   —Je _____ trouve bien aussi.

2. —Est-ce que tu vas inviter Jean-Luc?
   —Oui, je vais _____ téléphoner pour _____ inviter.

3. —Qu'est-ce que tu vas donner à tes parents?
   —Je vais _____ donner une belle photo de famille.

Activité 3 J'aime écrire!

Lisez bien toutes les phrases d'abord. Faites correspondre les phrases qui vont ensemble.

_____ 1. J'ai écrit cet essai.   a. Je lui ai écrit.

_____ 2. J'ai écrit ces poèmes.   b. Je l'ai écrite.

_____ 3. J'ai écrit à ma grand-mère.   c. Je leur ai écrit.

_____ 4. J'ai écrit à mes cousins.   d. Je l'ai écrit.

_____ 5. J'ai écrit cette composition.   e. Je les ai écrits.

Nom _____

Classe _____ Date _____ _____

B

Activité 1 Dialogue

Choisissez la forme du verbe **connaître** qui complète chaque phrase correctement.

—Philippe, tu _____ ma copine, n'est-ce pas?

—Oui, mais je ne _____ pas la fille là-bas! C'est qui?

—Mais, c'est Gisèle. Ma copine la _____ bien. Tu veux lui parler?

—Oh, je ne sais pas. Je suis un peu timide.

—Mais si! Tiens, salut Alice! Salut Gisèle! Vous _____ mon copain Robert?

—Maintenant, oui, nous le _____!

Activité 2 Quelques questions

Choisissez le pronom qui complète correctement chaque phrase.

le	la	l'	les	lui

1. Est-ce que tu _____ écris souvent?

2. Est-ce que tu _____ invites à la boum?

3. Est-ce que tu _____ connais?

4. Tu _____ aimes?

5. Est-ce que tu _____ connais?

6. Tu _____ as lus?

Activité 3 Oui ou non?

Répondez aux questions suivantes en utilisant un pronom.

1. —Est-ce que tu aimes ces lunettes? —Non, _____ .

2. —Est-ce que tu vas téléphoner à Raphaëlle? —Oui, _____ .

3. —As-tu déjà écrit à ta tante? —Oui, _____ :

4. —Est-ce que tu as lu ce livre? —Non, _____ .

Nom _____

Classe _____ Date _____ _____

C

Activité 1 Connaître et savoir

Répondez aux questions suivantes.

1. —Est-ce que tu connais un bon restaurant en ville? —_____.

2. —Est-ce que tu connais la France? —_____.

3. —Est-ce que tu sais le nom du président français? —_____.

4. —Est-ce que tu connais quelqu'un de célèbre? —_____.

5. —Est-ce que tu sais jouer au golf? —_____.

Activité 2 La vie quotidienne

À l'aide des illustrations, faites des phrases complètes en utilisant un pronom.

Modèle: *Vous écrivez à Éric et à moi.*   *Éric et moi*
          Vous nous écrivez.

1. Je _____.   mes amies
   _____.

2. Mes cousins _____.   Luc et Inès
   _____.

3. Nous _____.   nos cousins
   _____.

4. Il _____.   le petit garçon
   _____.

Activité 3 Quelques questions

Répondez aux questions suivantes en utilisant un pronom.

1. —Est-ce que tu aimes bien ce pantalon? —Oui, _____.

2. —Est-ce que tu aimes les légumes? —Non, _____.

3. —Est-ce que tu as appris la leçon? —Oui, _____.

4. —Est-ce que tu téléphone à tes amis le soir? —Oui, _____.

5. —Est-ce que tu as donné un cadeau à ton grand-père? —Oui, _____.

Nom _____

Classe _____ Date _____

Discovering
FRENCH
Nouveau!

BLEU

Unité 8
Resources

Activités pour tous
Reading

UNITÉ 8   Reading Comprehension

A

Mangez comme vous bougez : prévoyez vos petits déjeuners
à la carte en fonction de votre activité de la journée !

MENU sportif

Thé ou café sucré

Jus de fruits*
ou fruits secs

Céréales
et yaourt

Pain et fromage
ou charcuteries ou œuf

Beurre, miel et confiture

MENU minceur

Thé ou café

Fruits
ou compote

Céréales

Lait demi-écrémé

Eau minérale

MENU actif

Thé ou café

Jus de fruits* ou fruit

Céréales
ou baguette
ou viennoiserie

Fromage
ou yaourt

Beurre, miel et confiture

MENU enfant

Jus de fruits* ou fruits

Lait chocolaté

Pain
ou céréales

Yaourt

Beurre, miel et confiture

Compréhension

1. Which breakfast menu would be best if you were on a diet?

   sportif   minceur   actif   enfant

2. What items are missing from the **menu minceur** that are in the other adults' menus?
   Circle all that apply.

   fromage   yaourt   café   pain

   beurre   jus de fruits   miel   confiture

3. Do all the meals supply calcium? In what three products?

   jus de fruits   confiture   lait   baguette

   yaourt   fromage   eau minérale   miel

4. Between the **menu sportif** and **menu actif,** which one has more kinds of food?

   sportif   actif

5. What two items in the **menu sportif** are missing from the **menu actif?**

   _____

Qu'est-ce que vous en pensez?

1. What do you think **miel** is used on?

   fromage   jus de fruits   pain

2. What do you think **lait écrémé** means?

   whole milk   skim milk   warm milk

3. Which menu would you choose? Why?

   _____

Nom _____

Classe _____ Date _____ _____

B

MOIS / FRUITS	JANV.	FÉV.	MARS	AVRIL	MAI	JUIN	JUILLET	AOÛT	SEPT.	OCT.	NOV.	DÉC.
Abricot						▓						
Amande							▓▓					
Ananas	▓▓				▓▓	▓▓	▓▓	▓▓	▓▓			
Banane	▓▓	▓▓	▓▓	▓▓	▓▓	▓▓	▓▓	▓▓	▓▓	▓▓	▓▓	▓▓
Cerise						▓▓						
Citron		▓▓	▓▓						▓▓	▓▓	▓▓	▓▓
Framboise							▓▓					
Kiwi	▓▓	▓▓								▓▓	▓▓	▓▓
Mandarine	▓▓	▓▓	▓▓								▓▓	▓▓
Melon					▓▓	▓▓						
Myrtille							▓▓	▓▓				
Pamplemousse	▓▓	▓▓	▓▓	▓▓					▓▓	▓▓		
Pêche						▓▓	▓▓	▓▓				
Poire						▓▓	▓▓	▓▓				
Pomme							▓▓	▓▓	▓▓			

Compréhension

1. What fruit is naturally available year round?

   ananas   banane   cerise   melon

2. Which four other fruits are in season through the winter?

   fraise   abricot   mandarine   raisin

   ananas   kiwi   poire   pamplemousse

3. Which three fruits are in season in the summer only?

   framboise   myrtille   citron   amande

4. Which three fruits are not in season in the winter?

   poire   ananas   abricot   pêche

5. Which three fruits are not in season in the summer?

   kiwi   mandarine   poire   pamplemousse

6. What fruit is in season for the shortest span?

   _____

Qu'est-ce que vous en pensez?

1. In French, what are your three favorite fruits?

   _____ _____ _____

2. What fruits are spelled exactly the same way in French and in English?

   _____

Nom _____

Classe _____ Date _____

Discovering
FRENCH
Nouveau!!

B L E U

Unité 8
Resources

Activités pour tous
Reading

C

Difficulté de réalisation	Durée d'exécution	Appréciation de dépense
recette facile	moins de 30 minutes	recette peu onéreuse
recette plus technique	de 30 minutes à 1 heure	coût moyennement élevé
recette assez élaborée	plus d'une heure	pour faire la fête

Printemps   *Automne*

mousse aux fruits de la passion

Ingrédients pour 4 personnes (2 par personne)

10 fruits de la passion du Kenya (plus parfumés) appelés
   aussi « grenadelles » ou « grenadilles »
3 dl de crème fleurette
3 feuilles de gélatine
70 g de sucre semoule

tarte aux pommes caramélisées

Ingrédients pour 4 personnes

4 belles pommes (éviter les pommes trop dures)
250 g de pâte brisée salée
100 g de beurre
150 g de sucre semoule

Hiver   *Hiver*

sorbet cocktail aux quatre fruits

Ingrédients pour 8 personnes

1 litre de sirop de sucre saturé (35° baumé ou densité
   1,32 du pèse-sirop) soit environ 850 g de sucre
   semoule et 1 litre d'eau
1 gousse de vanille ouverte en deux au couteau
1 ananas bien mûr
2 bananes mûres
6 citrons
12 oranges grosses et juteuses
1 trait de grenadine

tarte au citron

Ingrédients pour 8 personnes

Pâte sablée
300 g de farine
150 g de beurre
150 g de sucre glace
2 œufs

Crème citron
3 citrons
150 g de sucre semoule
150 g de crème fraîche
2 œufs
2 cuillères à entremets de rhum

Compréhension

1. What kind of apples should you avoid when making **tarte aux pommes?**

    too unripe   too ripe

2. What are the **quatre fruits** in the **sorbet cocktail?**

   _____   _____   _____   _____

3. Which recipe takes the least amount of time?

   _____

4. Which recipe is the most expensive?   5. Which recipe is the hardest to make?

   _____   _____

Qu'est-ce que vous en pensez?

1. What is **fruit de la passion?**   3. What are **fromage blanc** and **crème fraîche?**

   _____   _____

2. What does **matière grasse** mean?   _____

   _____   _____

                                                   _____

Discovering French, Nouveau! Bleu

Vocabulary and Grammar Lesson Review Bookmarks

Pour communiquer

GREETING PEOPLE
Bonjour! — Hello!
Au revoir! — Goodbye!
Salut! — Hi!; Bye! [informal]
Bonjour, monsieur (madame, mademoiselle)! — Hello sir [ma'am, miss]! [formal]
Au revoir, monsieur (madame, mademoiselle)! — Goodbye sir [ma'am, miss]! [formal]

ASKING SOMEONE'S NAME
Comment t'appelles-tu? — What's your name?
Je m'appelle ... — My name is ...

TALKING ABOUT ONE'S NATIONALITY
Je suis américain (américaine). — I am American.
Tu es anglais (anglaise). — You are English.

ASKING WHERE PEOPLE ARE FROM
Tu es de ...? — Are you from ...?
Je suis de ... — I'm from ...

ASKING PEOPLE HOW THEY FEEL
Ça va? — How's everything?
Comment vas-tu? — How are you? [informal]
Comment allez-vous? — How are you? [formal]
Ça va. — Everything's fine. (I'm) fine. (I'm) okay.
Ça va très bien. — Things are great. (I'm) very well.
bien — good (well)
comme ci, comme ça — okay (so-so)
mal — bad (not well)
très mal — awful (in bad shape)

EXPRESSING APPRECIATION AND FRUSTRATION
Merci! — Thanks!
Zut! — Darn!

Mots et expressions

LES NOMBRES DE 0 À 60
0 zéro
1 un
2 deux
3 trois
4 quatre
5 cinq
6 six
7 sept
8 huit
9 neuf
10 dix
11 onze
12 douze
13 treize
14 quatorze
15 quinze
16 seize
17 dix-sept
18 dix-huit
19 dix-neuf
20 vingt
21 vingt et un
22 vingt-deux
23 vingt-trois
24 vingt-quatre
25 vingt-cinq
26 vingt-six
27 vingt-sept
28 vingt-huit
29 vingt-neuf
30 trente
31 trente et un
32 trente-deux
33 trente-trois
34 trente-quatre
35 trente-cinq
36 trente-six
37 trente-sept
38 trente-huit
39 trente-neuf
40 quarante
41 quarante et un
42 quarante-deux
43 quarante-trois
44 quarante-quatre
45 quarante-cinq
46 quarante-six
47 quarante-sept
48 quarante-huit
49 quarante-neuf
50 cinquante
51 cinquante et un
52 cinquante-deux
53 cinquante-trois
54 cinquante-quatre
55 cinquante-cinq
56 cinquante-six
57 cinquante-sept
58 cinquante-huit
59 cinquante-neuf
60 soixante

USEFUL EXPRESSIONS
oui — yes
non — no
et — and
ou — or
moi — me
et toi? — and you?
aussi — also
moi, aussi — me, too

Pour communiquer

ASKING SOMEONE'S NAME
Comment s'appelle-t-il (elle)? — What's his (her) name?
Il (Elle) s'appelle ... — His (Her) name is ...

TALKING ABOUT OTHER PEOPLE
Voici ... — This is ...
Tiens! Voilà ... — Hey! There is ...
C'est ... — This is ...
Qui est-ce? — Who is it? Who's that?
Tu connais ...? — Do you know ...?
C'est ...; That's ... — It's ...; That's ...

C'est ... — He's ... / She's ...
un ami — a friend.
un copain — a friend.
un garçon — a boy.
un prof — a teacher.
un monsieur — a man.
une amie — a friend.
une copine — a friend.
une fille — a girl.
une prof — a teacher.
une dame — a lady.

INTRODUCING ONE'S FAMILY AND PETS
Voici ...
mon père — my father.
mon frère — my brother.
mon oncle — my uncle.
mon cousin — my cousin.
mon grand-père — my grandfather.
mon chien — my dog.
mon chat — my cat.
Voici ...
ma mère — my mother.
ma sœur — my sister.
ma tante — my aunt.
ma cousine — my cousin.
ma grand-mère — my grandmother.
ma famille — my family.
This is ... — This is ...

ASKING SOMEONE'S AGE
Quel âge as-tu? — How old are you?
J'ai ... ans. — I'm ... (years old).
Quel âge a ...? — How old is ...?
Il (Elle) a ... ans. — He (She) is ... (years old).

Mots et expressions

LES NOMBRES DE 60 À 100
60 soixante
61 soixante et un
62 soixante-deux
63 soixante-trois
64 soixante-quatre
65 soixante-cinq
66 soixante-six
67 soixante-sept
68 soixante-huit
69 soixante-neuf
70 soixante-dix
71 soixante et onze
72 soixante-douze
73 soixante-treize
74 soixante-quatorze
75 soixante-quinze
76 soixante-seize
77 soixante-dix-sept
78 soixante-dix-huit
79 soixante-dix-neuf
80 quatre-vingts
81 quatre-vingt-un
82 quatre-vingt-deux
83 quatre-vingt-trois
84 quatre-vingt-quatre
85 quatre-vingt-cinq
86 quatre-vingt-six
87 quatre-vingt-sept
88 quatre-vingt-huit
89 quatre-vingt-neuf
90 quatre-vingt-dix
91 quatre-vingt-onze
92 quatre-vingt-douze
93 quatre-vingt-treize
94 quatre-vingt-quatorze
95 quatre-vingt-quinze
96 quatre-vingt-seize
97 quatre-vingt-dix-sept
98 quatre-vingt-dix-huit
99 quatre-vingt-dix-neuf
100 cent

Vocabulaire supplémentaire

LES COULEURS
rouge — red
bleu(e) — blue
jaune — yellow
noir(e) — black
violet(te) — purple
vert(e) — green
orange — orange
blanc(he) — white

Discovering FRENCH Nouveau! BLEU
Unité 2, Leçon 3
VOCABULAIRE

Pour communiquer

SAYING THAT YOU ARE HUNGRY AND THIRSTY
Tu as faim? — Are you hungry?
J'ai faim. — I'm hungry.
Tu as soif? — Are you thirsty?
J'ai soif. — I'm thirsty.

ASKING A FRIEND FOR SOMETHING
Je voudrais ... — I would like ...
S'il te plaît, donne-moi ... — Please, give me ...
Prête-moi ..., s'il te plaît. — Please, lend (loan) me ...

OFFERING A FRIEND SOMETHING TO EAT OR DRINK
Qu'est-ce que tu veux? — What do you want?
Tu veux ...? — Do you want ...?

ORDERING IN A CAFÉ
Je voudrais ... — I would like ...
Vous désirez? — May I help you?
S'il vous plaît, donnez-moi ... — Please, give me ...
un café. — a coffee.

ASKING HOW MUCH SOMETHING COSTS
C'est combien? — How much is it?
Ça fait combien? — How much does that come to (make)?
Ça fait ... — That's ...; That comes to ...
Combien coûte ...? — How much does ... cost?
Il (Elle) coûte ... — It costs ...

Mots et expressions

LES NOURRITURES
un croissant — croissant
une crêpe — crêpe (thin pancake)
un hamburger — hamburger
une glace — ice cream
un hot dog — hot dog
une omelette — omelet
un sandwich — sandwich
une pizza — pizza
un steak — steak
une salade — salad
un steak-frites — steak and fries

LES BOISSONS
un café — coffee
un jus d'orange — orange juice
une limonade — lemon soda
un chocolat — hot chocolate
un soda — soft drink
un jus de pomme — apple juice
un jus de raisin — grape juice
un thé — tea
un jus de tomate — tomato juice

Discovering FRENCH Nouveau! BLEU
Unité 2, Leçon 4
VOCABULAIRE

Pour communiquer

TALKING ABOUT THE TIME
Quelle heure est-il? — What time is it?
Il est ... — It's ...
une heure. — one o'clock.
huit heures du matin. — eight (o'clock) in the morning.
deux heures de l'après-midi. — two (o'clock) in the afternoon.
dix heures du soir. — ten (o'clock) in the evening.
trois heures et quart. — quarter past three.
cinq heures et demie. — half past five.
sept heures moins le quart. — quarter of seven.
midi. — noon.
minuit. — midnight.
À quelle heure est ... le film? — At what time is ... the movie?
J'ai un rendez-vous à neuf heures. — I have an appointment (a date) at nine.

TALKING ABOUT DAYS OF THE WEEK
Quel jour est-ce? — What day is it?
Aujourd'hui, c'est lundi. — Today is Monday.
Demain, c'est ... — Tomorrow is ...
mardi. — Tuesday.
mercredi. — Wednesday.
jeudi. — Thursday.
vendredi. — Friday.
samedi. — Saturday.
dimanche. — Sunday.

TELLING PEOPLE WHEN YOU WILL SEE THEM AGAIN
À samedi! — See you Saturday!
À demain! — See you tomorrow!

TALKING ABOUT BIRTHDAYS
C'est quand, ton anniversaire? — When's your birthday?
Mon anniversaire est le ... — My birthday is ...

TALKING ABOUT THE DATE
Quelle est la date? — What's the date?
C'est le premier janvier. — It's the first of January (January first).
C'est le deux ... février. — It's the second of ... February (February second).

mars — March
avril — April
mai — May
juin — June
juillet — July
août — August
septembre — September
octobre — October
novembre — November
décembre — December

TALKING ABOUT THE WEATHER
Quel temps fait-il? — How's the weather?
Il fait beau. — It's beautiful out.
Il fait frais. — It's cool.
Il pleut. — It's raining.
Il fait bon. — It's warm.
Il fait froid. — It's cold.
Il neige. — It's snowing.
Il fait chaud. — It's hot.
Il fait mauvais. — It's terrible out.

Mots et expressions

LES SAISONS
le printemps / au printemps — spring / in (the) spring
l'été / en été — summer / in (the) summer
l'automne / en automne — fall, autumn / in (the) fall
l'hiver / en hiver — winter / in (the) winter

Vocabulaire supplémentaire

LES PARTIES DU CORPS
le bras — arm
le nez — nose
la bouche — mouth
les cheveux — hair
un oeil (les yeux) — eye(s)
la jambe — leg
le cou — neck
le pied — foot
la main — hand
le dos — back
le ventre — stomach
une oreille — ear
la tête — head

Unité 3, Leçon 5 — LE FRANÇAIS PRATIQUE

Pour communiquer

TALKING ABOUT LIKES AND PREFERENCES

Est-ce que tu aimes parler anglais? — Do you like to speak English?
J'aime — I like
Je n'aime pas — I don't like
Je préfère parler français. — I prefer to speak French.

INVITING A FRIEND
Je veux — I want
Je voudrais — I would like
Je ne veux pas — I don't want
Est-ce que tu veux ...? — Do you want to ...?
Est-ce que tu peux ... avec moi? — Can you ... with me?

ACCEPTING OR DECLINING AN INVITATION
Oui, bien sûr. — Yes, of course.
Oui, merci. — Yes, thanks.
Oui, d'accord. — Yes, all right, okay.
Oui, je veux bien. — Yes, I'd love to.
Je regrette, mais je ne peux pas. — I'm sorry, but I can't.
Je dois ... travailler. — I have to, I must ... work.

Mots et expressions

VERBES RÉGULIERS EN -ER
chanter — to sing
danser — to dance
dîner — to have dinner
dîner au restaurant — to eat out
écouter — to listen to
écouter la radio — to listen, to listen to the radio
étudier — to study
jouer ... — to play ...
au basket — basketball
au foot — soccer
aux jeux vidéo — video games
au tennis — tennis
manger — to eat
nager — to swim
parler ... — to speak ...
anglais — English
espagnol — Spanish
français — French
regarder — to watch, to look at
regarder la télé — to watch TV
téléphoner (à Céline) — to phone (Céline)
travailler — to work
voyager — to travel

Unité 3, Leçon 6 — VOCABULAIRE

Pour communiquer

ANSWERING A YES/NO QUESTION
Oui! — Yes!
Mais oui! — Sure!
Bien sûr! — Of course!
Non! — No!
Mais non! — Of course not!
Peut-être ... — Maybe ...

SAYING WHERE PEOPLE ARE
Pierre est ... — Pierre is ...
ici. — here.
là. — here, there.
là-bas. — over there.
à Paris. — in Paris.
à la maison. — at home.
au café. — at the café.
au cinéma. — at the movies.
au restaurant. — at the restaurant.
en classe. — in class.
en France. — in France.
en vacances. — on vacation.
en ville. — in town.

Mots et expressions

VERBES IRRÉGULIERS
être — to be
être d'accord — to agree

MOTS UTILES
à — at, in
de — from, of
et — and
mais — but
ou — or
pour — for

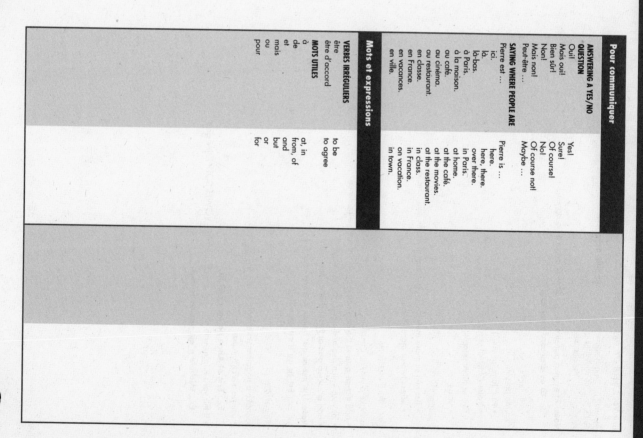

The Verb être (to be) and Subject Pronouns

je suis	nous sommes
tu es	vous êtes
il/elle est	ils/elles sont

Ex.: **Je suis américain.**

Note: To express agreement, use **être d'accord** (to agree).

Ex.: **Tu es d'accord avec moi?**

Tu or Vous?

One person:
- **tu** ("familiar you")
- **vous** ("formal you")

Two or more people:
- **vous**

Ils or Elles?

- **ils:** two or more males; mixed group of males and females
- **elles:** two or more females

Yes/No Questions

To make a yes/no question:
- add **est-ce que** to the beginning of an affirmative sentence
- let your voice rise at the end of a sentence
- add **n'est-ce pas** at the end of a sentence

Note: Use **est-ce qu'** before a vowel sound.

Ex.: **Est-ce qu'il est en ville?**

Negation

To make a negative statement:
- use **ne** + VERB + **pas**

Ex.: **Éric et Anne ne sont pas là.**

- if the verb begins with a vowel sound, use **n'** (+ VOWEL SOUND) + **pas**

Ex.: **Michèle n'est pas avec moi.**

Discovering
FRENCH
Nouveau!
BLEU

Unité 3, Leçon 7
VOCABULAIRE

Pour communiquer

EXPRESSING APPROVAL OR REGRET

Super! — Terrific!
Dommage! — Too bad!

SAYING HOW WELL, HOW OFTEN AND WHEN

bien — well
très bien — very well
mal — badly, poorly
beaucoup — a lot, much, very much
un peu — a little, a little bit
rarement — rarely, seldom
maintenant — now
souvent — often
toujours — always

Mots et expressions

VERBES RÉGULIERS EN -ER

aimer — to like
habiter (à Paris) — to live (in Paris)
inviter — to invite
organiser une boum — to organize a party
visiter Paris — to visit Paris

MOTS UTILES

aussi — also
avec — with

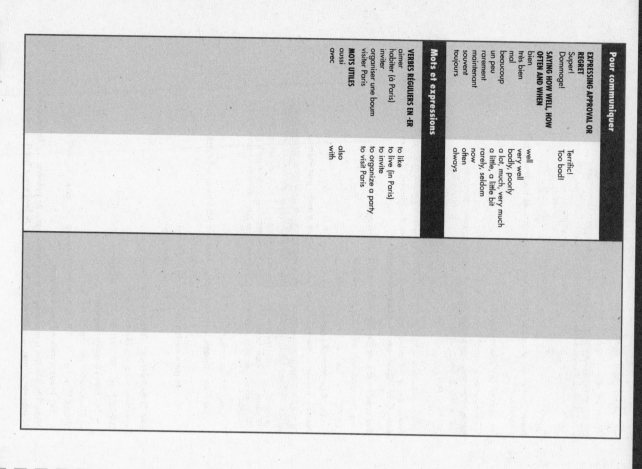

Discovering
FRENCH
Nouveau!
BLEU

Unité 3, Leçon 8
VOCABULAIRE

Pour communiquer

EXPRESSING SURPRISE

Ah bon? — Oh? Really?

ASKING FOR INFORMATION

où? — where?
quand? — when?
à quelle heure? — at what time?
comment? — how?
pourquoi? — why?
parce que — because
qu'est-ce que — what
qui? — who, whom?
à qui? — to who(m)?
de qui? — about who(m)?
avec qui? — with who(m)?
pour qui? — for who(m)?

Mots et expressions

VERBES IRRÉGULIERS

faire — to do, make
faire un match — to play a game (match)
faire une promenade — to go for a walk
faire un voyage — to take a trip
faire attention — to pay attention

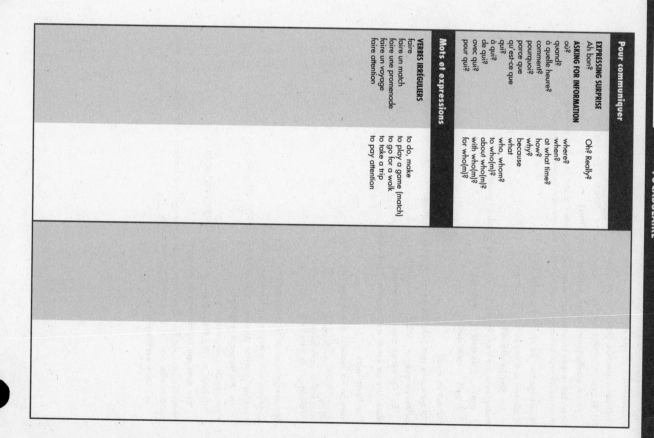

Unité 3, Leçon 7
LANGUE ET COMMUNICATION

-er Verbs: The Singular Forms

The present tense singular forms are made as follows:

STEM (INFINITIVE minus -er)	+	ENDINGS	=	PRESENT TENSE
parler → parl-		(je) -e		je parle
		(tu) -es		tu parles
		(il/elle) -e		il/elle parle

Note: Endings are silent and change with each subject. **Je** becomes **j'** before a vowel sound: **J'habite.**

-er Verbs: The Plural Forms

The present tense plural forms are made as follows:

STEM (INFINITIVE minus -er)	+	ENDINGS	=	PRESENT TENSE
parler → parl-		(nous) -ons		nous parlons
		(vous) -ez		vous parlez
		(ils/elles) -ent		ils/elles parlent

Note: **-ent** at the end of the **ils**-form is silent. When the infinitive of the verb ends in **-ger**, the **nous**-form ends in **-geons: nous mangeons.**

Present Tense -er Verbs: Affirmative and Negative Forms

Negative statements are formed as follows:

SUBJECT + **ne** + VERB + **pas**

Ex.: **Il ne travaille pas ici.**

Note: In front of a vowel sound **ne** becomes **n': Je n'invite pas Pierre.**

Affirmative			Negative		
je parle	nous parlons		je ne parle pas	nous ne parlons pas	
tu parles	vous parlez		tu ne parles pas	vous ne parlez pas	
il/elle parle	ils/elles parlent		il/elle ne parle pas	ils/elles ne parlent pas	

Language Comparisons

The French present tense can be translated into three forms in English.

Ex.: **Je joue au tennis.**
- I play tennis.
- I do play tennis.
- I am playing tennis.

The Construction: Verb + Infinitive

To express what you like to do, use:

SUBJECT + PRESENT TENSE OF **aimer** + INFINITIVE

Ex.: **Nous aimons voyager.**

To express what you don't like to do, use:

SUBJECT + **n'** + PRESENT TENSE OF **aimer** + **pas** + INFINITIVE

Ex.: **Nous n'aimons pas voyager.**

Note: The infinitive is also used after the expressions: **Je préfère … ; Je voudrais … ; Je (ne) veux (pas) … ; Est-ce que tu veux … ; Je (ne) peux (pas) … ; and Je dois …**

Unité 3, Leçon 8
LANGUE ET COMMUNICATION

Information Questions

Information questions are formed as follows:

INTERROGATIVE EXPRESSION + **est-ce que** + SUBJECT + VERB … ?

Ex.: **À quelle heure est-ce que vous travaillez?**

Note: Est-ce que becomes **est-ce qu'** before a vowel sound. In casual conversation the interrogative expression is often at the end of the sentence: **Tu veux aller où?**

Interrogative Expressions with qui

To ask who is doing something, use **qui** + VERB … ?

Ex.: **Qui habite ici?**

Note: These are interrogative expressions to ask about people:

qui?   de qui?   pour qui?
à qui?   avec qui?

Qu'est-ce que?

Use **qu'est-ce que** (what) to ask what people are doing.

qu'est-ce que + SUBJECT + VERB + … ?

Ex.: **Qu'est-ce que tu regardes?**

Note: Use **qu'est-ce qu'** before a vowel sound.

The Verb faire

Faire (to do, make) is an irregular verb.

je fais	nous faisons
tu fais	vous faites
il/elle fait	ils/elles font

Interrogatives with Inversion

Questions with inversion are formed as follows:

- yes/no inversion question: VERB / SUBJECT PRONOUN … ?

Ex.: **Parlez-vous anglais?**

- information inversion question:

INTERROGATIVE EXPRESSION + VERB / SUBJECT PRONOUN … ?

Ex.: **Avec qui faites-vous un voyage?**

Note: The verb and the subject pronoun are connected by a hyphen. When inverting the verb and **il** or **elle**, add "**-t-**" if the verb ends in a vowel.

Ex.: **Où travaille-t-il?**

Pour communiquer

TALKING ABOUT PEOPLE

Qui est-ce?	Who is it?
Comment est-il (elle)?	What is he/she like?
Quel âge a-t-il (elle)?	How old is he/she?

TALKING ABOUT THINGS

Qu'est-ce que c'est?	What is it?
C'est ...	It's ...
Est-ce que tu as ...?	Do you have ...?
Oui, j'ai ...	Yes, I have ...
Regarde ça.	Look at that.
Quoi?	What?
Ça, là-bas.	That, over there.
Il y a ...	There is ...
Est-ce qu'il y a ...?	Is there ...?; Are there ...?
Qu'est-ce qu'il y a ...?	What is there ...?

Mots et expressions

LA CHAMBRE

un bureau	desk
un lit	bed
une chaise	chair
une fenêtre	window
une lampe	lamp
une porte	door
une table	table

OÙ?

dans	in
derrière	behind, in back of
devant	in front of
sous	under
sur	on top of

VERBES RÉGULIERS EN -ER

marcher	to work, to run (to function), to walk

EXPRESSIONS UTILES

Je sais.	I know.
Je ne sais pas.	I don't know.

LES PERSONNES

un camarade	classmate
une camarade	classmate
un élève	pupil, student
une élève	pupil, student
un étudiant	student
une étudiante	student
un prof	teacher
une prof	teacher
un professeur	teacher
une personne	person
un voisin	neighbor
une voisine	neighbor

QUELQUES POSSESSIONS

un appareil-photo	camera
un baladeur	portable CD player
un cahier	notebook
un CD	CD
un crayon	pencil
un DVD	DVD
un livre	book
un objet	object
un ordinateur	computer
un portable	cell phone
un sac	bag
un scooter	motor scooter
un stylo	pen
un téléphone	phone
un vélo	bicycle, bike
une affiche	poster
une auto	car
une bicyclette	bicycle
une calculatrice	calculator
une cassette vidéo	videotape
une chaîne hi-fi	stereo set
une chose	thing
une guitare	guitar
une mini-chaîne	compact stereo
une mobylette	motorbike, moped
une montre	watch
une moto	motorcycle
une radio	radio
une radiocassette	boom box
une raquette	tennis racket
une télé	TV set
une voiture	car

Pour communiquer

VERBES IRRÉGULIERS

avoir	to have
avoir faim	to be hungry
avoir soif	to be thirsty
avoir ... ans	to be ... (years old)

EXPRESSIONS UTILES

Si!	Yes!

Unité 4, Leçon 10
LANGUE ET COMMUNICATION

The Verb avoir (to have)

The verb **avoir** is irregular.

j'ai	nous avons
tu as	vous avez
il/elle a	ils/elles ont

Nouns and Articles: Masculine and Feminine

Nouns

- Nouns designating animals, objects, and things vary in gender: **un portable; une télé.**
- Nouns that designate male persons are almost always masculine: **un garçon.**
- Nouns that designate female persons are almost always feminine: **une fille.**

Note: Une personne is always feminine and **un professeur** is always masculine.

Articles

INDEFINITE ARTICLES	DEFINITE ARTICLES
un, une	le, la, l'

Note: Le and **la** become **l'** before a vowel sound.

Pronouns

Pronouns replace a noun and its article: **le garçon → il; la fille → elle.**

MASCULINE PRONOUN	FEMININE PRONOUN
il	elle

Continued on reverse

Discovering FRENCH
BLEU

Nouns and Articles: The Plural

Plural Nouns

Most plural nouns are formed as follows:

SINGULAR NOUN + **-s** = *PLURAL NOUN

If the singular ends in **-s**, the plural is the same. The final **-s** of the plural is always silent.

Note: **Gens** (people) is always plural.

Summary of Singular and Plural Articles

	SINGULAR	PLURAL
DEFINITE	le (l') la (l')	les

	SINGULAR	PLURAL
INDEFINITE	un une	des

Note: Although the word some can be omitted in English, **des** cannot be omitted.

Ex.: **Il y a des livres sur la table.**

The Indefinite Article in Negative Sentences

AFFIRMATIVE	NEGATIVE
VERB + INDEFINITE + NOUN → n(e) + VERB + **pas** + **de** + NOUN ARTICLE	

Ex.: **Il a un cahier. → Il n'a pas de cahier.**

Note: Pas de becomes pas d' before a vowel sound: **Paul n'a pas d'ordinateur.**

The negative form of **il y a** is **il n'y a pas.** After **être**, the articles **un, une,** and **des** don't change.

Ex.: **C'est un professeur. → Ce n'est pas un professeur.**

Usage of the Definite Article in the General Sense

The definite article (**le, la, l', les**) is used to introduce abstract nouns, or nouns used in a general or collective sense.

Ex.: **J'aime la musique.**

Usage of the Definite Article with the Days of the Week

To indicate a repeated or habitual event, use **le** + day of the week.

Ex.: **Le samedi, je fais une promenade dans le parc.**

Discovering
FRENCH
Nouveau!
BLEU

Unité 4, Leçon 11
VOCABULAIRE

Mots et expressions

LA DESCRIPTION

amusant(e)	amusing, fun
bête	silly, dumb
blond(e)	blonde
brun(e)	brown, dark-haired
gentil (gentille)	nice, kind
intelligent(e)	intelligent, smart
intéressant(e)	interesting
jeune	young
méchant(e)	mean, nasty
mignon (mignonne)	cute
sportif (sportive)	athletic
sympathique	nice, pleasant
timide	timid, shy
assez	rather, enough
très	very

LES ADJECTIFS DE NATIONALITÉ

américain(e)	American
anglais(e)	English
canadien (canadienne)	Canadian
chinois(e)	Chinese
espagnol(e)	Spanish
français(e)	French
italien (italienne)	Italian
japonais(e)	Japanese
mexicain(e)	Mexican
suisse	Swiss

EXPRESSIONS UTILES

| alors | so, then |

Discovering
FRENCH
Nouveau!
BLEU

Unité 4, Leçon 12
VOCABULAIRE

Pour communiquer

TALKING ABOUT THINGS

| De quelle couleur ...? | What color ...? |
| C'est ... | It's ... |

EXPRESSING OPINIONS

bien.	good.
chouette.	neat.
difficile.	hard, difficult.
drôle.	funny.
facile.	easy.
faux.	false.
génial.	terrific.
mal.	bad.
pénible.	a pain, annoying.
super.	great.
vrai.	true.

LES COULEURS

blanc (blanche)	white
bleu(e)	blue
gris(e)	grey
jaune	yellow
noir(e)	black
rose	pink
rouge	red
vert(e)	green

EXPRESSIONS UTILES

| Dis! | Say!; Hey! |
| Dis donc! | Hey there! |

Mots et expressions

Vocabulaire supplémentaire

L'INFORMATIQUE

un CD-ROM (cédérom)	CD-ROM
un clavier	keyboard
un écran	screen
un jeu d'ordinateur	computer game
un mail (un mél)	e-mail
un ordinateur portable	laptop
un PC	PC
une imprimante	printer
une souris	mouse
chatter	to chat (online)
envoyer un mail	to send an e-mail
surfer sur l'Internet	to surf the Internet
télécharger	to download

Adjectives: Masculine and Feminine

The gender of the adjective must agree with the gender of the noun it modifies. The feminine form of regular adjectives is formed as follows:

MASCULINE ADJECTIVE + **e** = FEMININE ADJECTIVE

Ex.: **Le scooter est petit.** But: **La voiture est petite.**

Note: If the masculine adjective ends in **-e**, there is no change in the feminine form. Some adjectives are irregular, such as **beau/belle** and **canadien/canadienne.**

Pronunciation Note: Final silent consonants in masculine adjectives are pronounced in the feminine form: **petit → petite.**

Adjectives: Plural

The plural form of many adjectives is formed as follows:

SINGULAR ADJECTIVE + **-s** = PLURAL ADJECTIVE

Note: If the masculine singular adjective ends in **-s**, there is no change in the plural form.

Ex.: **Patrick est français.** And: **Patrick et Daniel sont français.**

Pronunciation Note: Singular and plural adjectives sound the same.

Summary of Regular Adjective Forms

	MASCULINE	FEMININE
SINGULAR	grand	grande
PLURAL	grands	grandes

The Position of Adjectives

Adjectives usually come after the noun they modify as follows:

ARTICLE + NOUN + ADJECTIVE

Ex.: **une voiture française**

Colors

Colors are adjectives and take adjective endings. They come after the noun.

Ex.: **Nous avons des chemises bleues.**

Adjectives That Come Before the Noun

The following adjectives come before the noun they modify:

beau (belle)   grand(e)   mauvais(e)
bon (bonne)   joli(e)   petit(e)

Ex.: **Il y a une petite voiture.**

Note: The article **des** becomes **de** (**d'** + VOWEL SOUND) before an adjective.

Ex.: **Elle a des voitures.** But: **Elle a de petites voitures.**

Il est or c'est?

Il est (**elle est**) and **c'est** are used to describe people and things as follows:

Il/Elle est + ADJECTIVE	C'est + ARTICLE + NOUN (+ ADJECTIVE)
Il est amusant.	C'est un copain.
	C'est un copain amusant.

Note: The plural forms are **Ils/Elles sont ...** and **Ce sont ...** . To form the negative **ne ... pas** goes around the verb.

Ex.: **Ce ne sont pas de bonnes voitures.**

Impersonal Expressions with c'est

To express an opinion on a general topic, use:

C'est / Ce n'est pas + MASCULINE ADJECTIVE

Ex.: **C'est intéressant.** Or: **Ce n'est pas amusant.**

Pour communiquer

ASKING FOR DIRECTIONS

Excusez-moi, où est ....?	Excuse me, where is ....?
Est-ce que c'est	Is it ....
près?	nearby, close?
loin?	far?
Tournez	Turn ....
à gauche.	to the left.
à droite.	to the right.
Continuez tout droit.	Continue straight ahead.
Pardon, où sont ....?	Excuse me, where
Elles sont	are ....?
	They are ....
en haut.	upstairs.
en bas.	downstairs.

Mots et expressions

LA VILLE

un boulevard	boulevard
un café	café
un centre commercial	mall, shopping center
un cinéma	movie theater
un film	hospital
un hôpital	hotel
un hôtel	store
un magasin	museum
un musée	park
un parc	neighborhood
un quartier	restaurant
un restaurant	stadium
un stade	supermarket
un supermarché	theater
un théâtre	town, village
un village	address
une adresse	avenue
une avenue	library
une bibliothèque	school
une école	church
une église	(swimming) pool
une piscine	beach
une plage	street
une rue	city, town
une ville	

LA MAISON

un appartement	apartment
un garage	garage
un immeuble	apartment building
un jardin	garden, yard
un salon	living room
une chambre	bedroom
une cuisine	kitchen
une maison	house
une salle à manger	dining room
une salle de bains	bathroom
les toilettes	bathroom, toilet

Mots et expressions

QUELQUES ENDROITS ET QUELQUES ÉVÉNEMENTS / OÙ ALLER

un concert	concert
un endroit	place
un événement	event
un film	movie
un pique-nique	picnic
un rendez-vous	date, appointment
une boum	party (casual)
une fête	party
une soirée	party (evening)

VERBES EN -ER

arriver	to arrive, to come
rentrer	to go back, come back
rester	to stay

VERBES IRRÉGULIERS

aller	to go
faire une promenade	to go for ....
à pied	a walk
à vélo	a bike ride
en voiture	a drive
venir	to come
revenir	to come back

MOYENS DE TRANSPORT / MEANS OF TRANSPORTATION

à pied	on foot
à vélo	by bicycle
en bus	by bus
en métro	by subway
en taxi	by taxi
en train	by train
en voiture	by car

Discovering
FRENCH
Nouveau!
BLEU

Unité 5, Leçon 14
LANGUE ET COMMUNICATION

The Verb *aller*

Aller (to go) is the only irregular verb that ends in -er.

je vais	nous allons
tu vas	vous allez
il/elle va	ils/elles vont

Usage of the Verb *aller*

Use **aller** to:

- ask people how they feel: **Ça va?**
- encourage someone to do something: **Vas-y!**
- tell someone to go away: **Va-t'en!**
- tell friends to start doing something: **Allons-y!**

The Preposition *à*; *à* + the definite article

The preposition **à** can mean *in, at,* or *to.*

Contractions

The preposition **à** contracts with **le** and **les.**

| à + | le café | → | au café |
| à + | les magasins | → | aux magasins |

Note: There is no contraction with **la** or **l'.**
Ex.: **Je vais à la bibliothèque.** Or: **Je vais à l'école.**

The Preposition *chez*

Chez means to or at someone's (house, home): **chez** + PERSON
Ex.: **Nous allons chez Béatrice.**

Note: To ask to whose house someone is going, use **chez qui?**
Ex.: **Chez qui vas-tu?**

The Construction *aller* + *infinitive*

The near future is formed as follows:

PRESENT OF **aller** + INFINITIVE
Ex.: **Je vais faire une promenade au parc demain.**

Note: Negative sentences in the near future are formed as follows:

SUBJECT + **ne** + PRESENT OF **aller** + **pas** + INFINITIVE ...
Ex.: **Sylvie ne va pas aller au concert avec nous.**

To form a question, add an interrogative expression at the beginning of the sentence.
Ex.: **Qu'est-ce que tu vas faire?** Or: **Quand est-ce que tu vas rentrer?**

Pour communiquer

ASKING WHERE PEOPLE ARE GOING
Où vas-tu? — Where are you going?
Je vais à (+ place, event). — I am going to (+ place, event).
Je vais chez (+ person). — I am going to (+ person)'s house.
Je vais chez (+ stress pronoun). — I am going to (+ possessive adjective) house.

ASKING WHERE PEOPLE ARE COMING FROM
D'où est-ce que tu viens? — Where are you coming from?
Je viens de (+ place). — I am coming from (+ place).

TALKING ABOUT FUTURE PLANS
Qu'est-ce que tu vas faire? — What are you going to do?
Je vais ... — I am going ...

EXPRESSING POSSESSION
C'est mon (ton, son ...) livre. — That's my (your, his/her, ...) book.

EXPRESSIONS UTILES
Pas du tout! — Not at all!; Definitely not!
Vraiment?! — Really?!
Vas-y! — Go on!
Où vas-tu? — Where are you going?

Mots et expressions

LES SPORTS
le baseball — baseball
le basketball — basketball
le football — soccer
le ping-pong — ping-pong
le tennis — tennis
le volley(ball) — volleyball

LES JEUX
les échecs — chess
les cartes — cards
les jeux d'ordinateur — computer games
les dames — checkers
les jeux vidéo — video games

VERBES EN -ER
jouer à (+ sport, game) — to play (+ sport, game)
jouer de (+ instrument) — to play (+ instrument)

LES INSTRUMENTS DE MUSIQUE
le clavier — keyboard
la batterie — drums
le piano — piano
la clarinette — clarinet
le saxophone — saxophone
la flûte — flute
le violon — violin
la guitare — guitar

Mots et expressions

LA FAMILLE
les parents — parents, relatives
les grands-parents — grandparents
le grand-père — grandfather
le père — father
un enfant — child
le mari — husband
un enfant — child
le fils — son
le frère — brother
l'oncle — uncle
le cousin — cousin
la famille — family
la grand-mère — grandmother
la mère — mother
une enfant — child
la femme — wife
la fille — daughter
la soeur — sister
la tante — aunt
la cousine — cousin

LES NOMBRES ORDINAUX
premier (première) — first
deuxième — second
troisième — third
quatrième — fourth
cinquième — fifth
sixième — sixth
septième — seventh
huitième — eighth
neuvième — ninth
dixième — tenth
onzième — eleventh
douzième — twelfth

EXPRESSIONS UTILES
Tu es sûr(e)? — Are you sure?

Possessives with de

Express possession or relationship as follows:

le/la/l'/les + NOUN + **de** + OWNER

Ex.: **C'est la moto de Frédéric.**   Or: **C'est le copain de Daniel.**

Note: De becomes **d'** in front of a vowel sound, and it contracts to **du** with **le** and **des** with **les.**

Ex.: **Où est le chat du voisin?**

Possessive Adjectives: mon, ton, son

Possessive adjectives agree with the nouns they modify.

POSSESSOR	SINGULAR OBJECT MASCULINE	FEMININE	PLURAL OBJECT
je	mon	ma	mes
tu	ton	ta	tes
il	son	sa	ses
elle	son	sa	ses

Note: The feminine singular forms **ma, ta, sa** become **mon, ton, son** before a vowel sound:

mon amie   ton amie   son amie.

Possessive Adjectives: notre, votre, leur

POSSESSOR	SINGULAR OBJECT	PLURAL OBJECT
nous	notre	nos
vous	votre	vos
ils/elles	leur	leurs

Ordinal Numbers

Ordinal numbers are formed as follows:

NUMBER	(minus final **-e**, if any)	+ **-ième**	=	ORDINAL NUMBER
(6) six	→ six	+ ième	=	sixième
(11) onze	→ onz-	+ ième	=	onzième

Note: There are a few exceptions: **premier (première); cinquième; neuvième.** Ordinal numbers are adjectives and come before the noun.

Ex.: —**Qui est Roger?**
    —**C'est le deuxième étudiant, là.**

The Verb venir

The verb **venir** (to come) is irregular.

je viens	nous venons
tu viens	vous venez
il/elle vient	ils/elles viennent

Note: Revenir (to come back) is conjugated like **venir.** To ask "from where" use **d'où.**

Ex.: **D'où viens-tu?**

The Preposition de; de + the definite article

De can mean: from, of, or about.

Contractions

The preposition **de** contracts with **le** and **les.**

CONTRACTION		
de + le café	→	du café
de + les magasins	→	des magasins

Note: There is no contraction with **la** or **l': Je viens de la bibliothèque.**

Stress Pronouns

Stress pronouns can replace a person or a subject pronoun.

Forms

SUBJECT PRONOUN	STRESS PRONOUN	SUBJECT PRONOUN	STRESS PRONOUN
(je)	moi	(nous)	nous
(tu)	toi	(vous)	vous
(il)	lui	(ils)	eux
(elle)	elle	(elles)	elles

Usage of the Stress Pronouns

Stress pronouns are used:
- to give more emphasis to a subject pronoun: **Moi, je parle français.**
- after **c'est** and **ce n'est pas: C'est moi**
- in short sentences where there is no verb: —**Qui est là? —Moi!**
- before and after **et** and **ou: Il va partir avec Michel ou toi?**
- after prepositions such as **de, avec, pour, chez: Nous allons chez toi?**

The Construction: Noun + de + Noun

When one noun is used to modify another noun, use:

MAIN NOUN + **de** + MODIFYING NOUN

Ex.: **une classe de français**   a French class

In French, when one noun modifies another, the main noun comes first. In English, the main noun comes second.

Note: There is no article after **de. De** becomes **d'** before a vowel sound.

Ex.: **un jeu d'ordinateur**   a computer game

Pour communiquer

SHOPPING FOR CLOTHES

Pardon	Excuse me ....
Vous désirez, (monsieur)?	May I help you, (Sir)?
Je cherche	I'm looking for ....
Quel est le prix de ...?	What is the price of ...?
Combien coûte .... cost?	How much does .... cost?

EXPRESSING OPINIONS AND MAKING COMPARISONS

Qu'est-ce que tu penses de ...?	What do you think of ...?
Comment tu trouves ...?	What do you think of ...?
La robe rose est .... la robe noire.	The pink dress is .... the black dress.
plus belle que	more beautiful than
moins belle que	less beautiful than
aussi belle que	as beautiful as

Mots et expressions

LES MAGASINS

un magasin	store
un grand magasin	department store
une boutique	shop

LES VÊTEMENTS

des baskets	(hightop) sneakers
un blouson	jacket
un chapeau	hat
un chemisier	blouse
des collants	tights
un imper(méable)	raincoat
un jean	jeans
un jogging	jogging suit
un maillot de bain	bathing suit
un manteau	overcoat
un pantalon	pants
un polo	polo shirt
un pull	sweater
un short	shorts
un survêtement	track suit
un sweat	sweatshirt
un tee-shirt	t-shirt
des tennis	sneakers
des bottes	boots
une casquette	baseball cap
une ceinture	belt
des chaussettes	socks
des chaussures	shoes
une chemise	shirt
une cravate	tie
une jupe	skirt
des lunettes	glasses
des lunettes de soleil	sunglasses
une robe	dress
des sandales	sandals
une veste	jacket

VERBES RÉGULIERS EN -ER

chercher	to look for
coûter	to cost
penser (que)	to think (that)
porter	to wear
trouver	to find; to think of

VERBES IRRÉGULIERS

mettre	to put, to put on
avoir besoin de (+ infinitive)	to need (+ noun)
avoir besoin de (+ noun)	to need to, to have to (+ infinitive)
avoir envie de (+ infinitive)	to want (+ noun)
avoir envie de (+ verb form)	to feel like, to want

LA DESCRIPTION

à la mode	in style
beau (belle)	beautiful
bon marché	cheap
cher (chère)	expensive
chouette	neat
courte)	short
démodé(e)	out of style
élégant(e)	elegant
géniale)	terrific
grand(e)	big
jolie)	pretty
long(ue)	long
meilleur(e)	better
moche	ugly
nouveau (nouvelle)	new
pauvre	poor
petite)	small
riche	rich
vieux (vieille)	old

LES NOMBRES DE 100 À 1000

cent	100
cent un	101
cent deux	102
deux cents	200
trois cents	300
quatre cents	400
cinq cents	500
six cents	600
sept cents	700
huit cents	800
neuf cents	900
mille	1000

EXPRESSIONS UTILES

Eh bien!	Well!
ce, cet, cette, ces	this, that, these, those
quel, quelle, quels, quelles	what (which)
trop (+ adjective)	too (+ adjective)

Mots et expressions

VERBES AVEC CHANGEMENTS ORTHOGRAPHIQUES

acheter	to buy
amener	to bring (a person)
espérer	to hope
préférer	to prefer

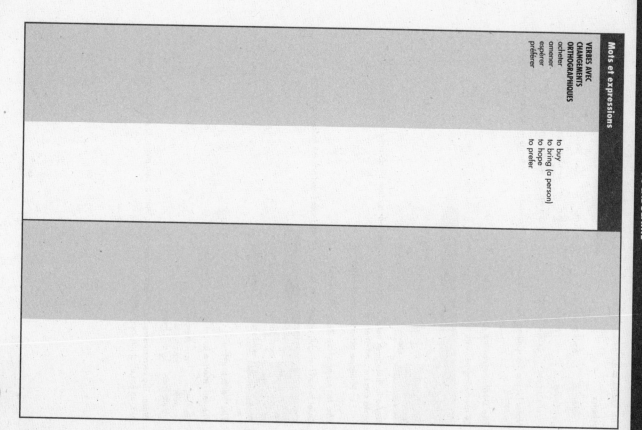

The Verbs *acheter* and *préférer*

acheter

j'achète	nous achetons
tu achètes	vous achetez
il/elle achète	ils/elles achètent

préférer

je préfère	nous préférons
tu préfères	vous préférez
il/elle préfère	ils/elles préfèrent

Note: Notice the spelling change between the infinitives and the forms in the darker shade in the table.

The Demonstrative Adjective *ce*

Ce always agrees with the noun it introduces.

	SINGULAR	PLURAL
MASCULINE	ce cet (+ VOWEL SOUND)	ces
FEMININE	cette	ces

Note: To distinguish between a person / object that is close by and one that is further away, **-ci** or **-là** can be used after the noun.

Ex.: **Philippe achète cette chemise-ci.**

The Interrogative Adjective *quel?*

Quel (what?, which?) agrees with the noun it introduces and has the following forms:

	SINGULAR	PLURAL
MASCULINE	quel garçon	quels garçons
FEMININE	quelle fille	quelles filles

The Verb *mettre*

The verb **mettre** (to put, place) is irregular.

je mets	nous mettons
tu mets	vous mettez
il/elle met	ils/elles mettent

Note: The verb **mettre** has several English equivalents: *to put, place; to put on, wear;* and *to turn on* (an electrical appliance).

Mots et expressions

VERBES RÉGULIERS EN -IR

choisir	to choose
finir	to finish
grossir	to gain weight
maigrir	to lose weight
réussir	to succeed
réussir à un examen	to pass an exam

EXPRESSIONS UTILES

à mon avis	in my opinion

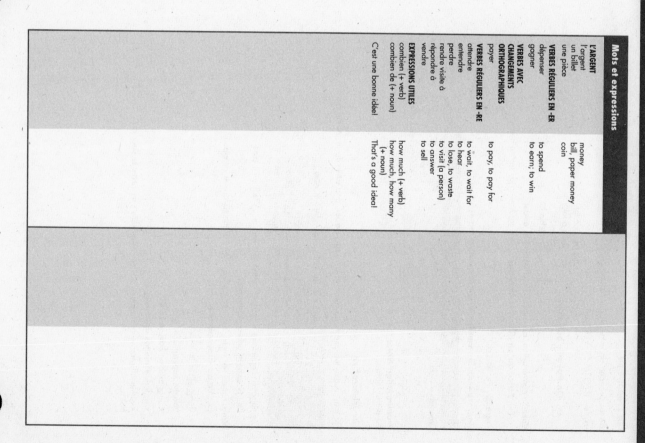

Mots et expressions

L'ARGENT

l'argent	money
un billet	bill, paper money
une pièce	coin

VERBES RÉGULIERS EN -ER

dépenser	to spend
gagner	to earn; to win

VERBES AVEC CHANGEMENTS ORTHOGRAPHIQUES

payer	to pay, to pay for

VERBES RÉGULIERS EN -RE

attendre	to wait, to wait for
entendre	to hear
perdre	to lose, to waste
rendre visite à	to visit (a person)
répondre à	to answer
vendre	to sell

EXPRESSIONS UTILES

combien (+ verb)	how much (+ verb)
combien de (+ noun)	how much, how many (+ noun)
C'est une bonne idée!	That's a good idea!

The Pronoun on

Use the pronoun **on** in general statements as follows:

on + **il-**FORM OF VERB

Ex.: **On travaille beaucoup.**

- One works a lot.
- They work a lot.
- You work a lot.
- People work a lot.

Note: In conversation, **on** is often used instead of **nous:**

Ex.: **Est-ce qu'on dîne à la maison?**   Are **we** having dinner at home?

Regular -re Verbs

Many **-re** verbs like **vendre** (to sell) are conjugated as follows:

STEM (INFINITIVE minus **-re**) + **-re** PRESENT TENSE ENDINGS = **-re** PRESENT TENSE		
vendre → vend-	-s	je vends	nous vendons
	-s	tu vends	vous vendez
	—	il/elle/on vend	ils/elles vendent

Pronunciation Note: The **"d"** of the stem is silent in the singular forms, but it is pronounced in the plural forms.

The Imperative

For most verbs, the command forms are the **tu-**, **nous-**, and **vous-**forms of the present tense.

INFINITIVE	parler	finir	vendre	aller
IMPERATIVE (tu)	parle	finis	vends	va
(vous)	parlez	finissez	vendez	allez
(nous)	parlons	finissons	vendons	allons

The negative imperative is formed as follows: **ne** + VERB + **pas** ...

Ex.: **N'achète pas ce blouson.**

Note: For all **-er** verbs, including **aller**, the **-s** of the **tu-**form is dropped.

Ex.: **Va au supermarché.**

Usage of the Imperative

Use the imperative to give:
- suggestions: **Écoute ce CD.**
- orders: **Finis tes devoirs.**
- either affirmative or negative advice: **N'achète pas cette casquette.**

Regular -ir Verbs

Most **-ir** verbs like **finir** (to finish) are conjugated as follows:

STEM (INFINITIVE minus **-ir**) + **-ir** PRESENT TENSE ENDINGS = **-ir** PRESENT TENSE		
finir → fin-	-is	je finis	nous finissons
	-is	tu finis	vous finissez
	-it	il/elle finit	ils/elles finissent

The Adjectives beau, nouveau and vieux

Beau, nouveau, and **vieux** are irregular.

SINGULAR	MASCULINE	beau	nouveau	vieux
		bel	nouvel	vieil
	FEMININE	belle	nouvelle	vieille
PLURAL	MASCULINE	beaux	nouveaux	vieux
	FEMININE	belles	nouvelles	vieilles

Note: The alternative masculine forms are used in front of nouns that begin with a vowel sound. All forms of these adjectives usually come before the noun.

Ex.: **C'est un bel homme.**

Comparison with Adjectives

+ plus		plus cher (que)
– moins	+ ADJECTIVE (+ que …) =	moins cher (que)
= aussi		aussi cher (que)

Ex.: **Cet imper est plus cher que ce manteau.**

Bon (good)

Bon is irregular and it is used as follows:

plus + **bon/bonne (que)** → **meilleur(e) (que)**

Ex.: **Ta pizza est bonne, mais mon sandwich est meilleur.**

Note: All adjectives agree with the noun (or pronoun) they describe: **La jupe est plus chère que le chemisier.** When comparing people, stress pronouns are used after **que**.

Ex.: **Paul est plus petit que moi.**

Pour communiquer

TALKING ABOUT PAST ACTIVITIES

Qu'est-ce que tu as fait hier? — What did you do yesterday?
J'ai vu un film. — I saw a film.
Je suis allé au cinéma. — I went to the movies.
Je n'ai pas travaillé. — I didn't work.
Je ne suis pas allé à l'école. — I didn't go to school.

EXPLAINING WHY

Pourquoi est-ce que tu es allé en ville? — Why did you go downtown?
Je suis allé en ville pour louer un DVD. — I went downtown to rent a DVD.

TALKING ABOUT ONE'S ACTIVITIES

Est-ce que tu fais ... du roller? de la voile? de l'escalade? — Do you do ... in-line skating? sailing? rock climbing?
Marc ne fait pas de sport. — Marc doesn't do sports.

Mots et expressions

LES CONTRAIRES

souvent — often
ne ... jamais — never
quelque chose — something, anything
ne ... rien — nothing, not anything
quelqu'un — somebody
ne ... personne — no one, not anyone, nobody

VERBES EN -ER

aider — to help
assister à — to go to, to attend
louer — to rent
nettoyer — to clean
passer — to spend
préparer — to prepare
ranger — to clean, to pick up
rencontrer — to meet
réparer — to fix

VERBES IRRÉGULIERS

avoir chaud/froid — to be (feel) hot/cold
avoir faim/soif — to be hungry/thirsty
avoir raison/tort — to be right/wrong
avoir de la chance — to be lucky
faire des achats — to go shopping
faire les devoirs — to do homework
faire un pique-nique — to have a picnic
voir — to see

ACTIVITÉS SPORTIVES

le jogging — jogging
le roller — in-line skating
le skate — skateboarding
le ski — skiing
le ski nautique — water-skiing
le snowboard — snowboarding
le sport — sport(s)
le VTT — mountain biking
l'escalade — rock climbing
la natation — swimming
la planche à voile — windsurfing
la voile — sailing

ÉQUIPEMENT SPORTIF

des rollers — in-line skates
un skate — skateboard
un snowboard — snowboard
un VTT — mountain bike

VACATION TRAVEL

un autocar, un car — touring bus
un avion — plane
un bateau — boat, ship
un train — train

VACATION DESTINATIONS

la campagne — countryside
la mer — ocean, shore
la montagne — mountains

LE PASSÉ COMPOSÉ AVEC AVOIR

parler → j'ai parlé — I spoke
finir → j'ai fini — I finished
vendre → j'ai vendu — I sold
avoir → j'ai eu — I had
être → j'ai été — I was, I have been
faire → j'ai fait — I did
mettre → j'ai mis — I put
voir → j'ai vu — I saw

LE CALENDRIER

Noël — Christmas
un jour — day
un mois — month
l'après-midi — afternoon
le matin — morning
le soir — evening
le week-end — weekend
Pâques — Easter
une semaine — week
les vacances — vacation
les grandes vacances — summer vacation

EXPRESSIONS POUR INDIQUER QUAND

avant — before
pendant — during

EXPRESSIONS UTILES

pour — in order to
seul(e) — alone

Unité 7, Leçon 22
VOCABULAIRE

Mots et expressions

EXPRESSIONS POUR INDIQUER QUAND

d'abord — first
après — after, afterwards
ensuite — then, after that
enfin — at last, after that
finalement — finally

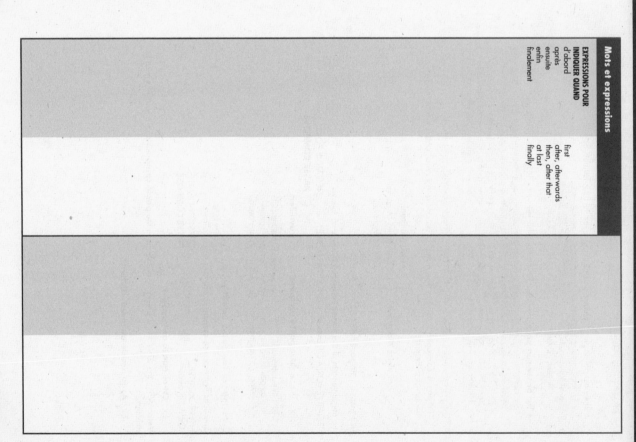

The passé composé of -er Verbs

Forms

- The past participle of **visiter** and all regular **-er** verbs is formed as follows:

INFINITIVE (MINUS -er)	+	-é	=	PAST PARTICIPLE
visiter → visit-		-é		visité

- The **passé composé** of **visiter** and all regular **-er** verbs is formed as follows:

PRESENT OF **avoir**	+	PAST PARTICIPLE	=	**PASSÉ COMPOSÉ**

j'ai		j'ai visité	nous avons visité
tu as	visité	tu as visité	vous avez visité
il/elle/on a		il/elle/on a visité	ils/elles ont visité

j'ai	nous avons	
tu as	vous avez	visité
il/elle/on a	ils/elles ont	

Usage of the *passé composé*

The **passé composé** is used to describe past actions and events, and it has several meanings in English.

Ex.: **J'ai visité Montréal.**
- I visited Montreal.
- I have visited Montreal.
- I did visit Montreal.

The passé composé: *Negative Form*

The negative form of the **passé composé** is made as follows:

NEGATIVE FORM OF **avoir** + PAST PARTICIPLE = NEGATIVE FORM OF **PASSÉ COMPOSÉ**

Ex.: The negative **passé composé** forms of **travailler:**

je n'ai pas travaillé	nous n'avons pas travaillé
tu n'as pas travaillé	vous n'avez pas travaillé
il/elle/on n'a pas travaillé	ils/elles n'ont pas travaillé

Questions in the passé composé

Questions in the **passé composé** are formed as follows:

INTERROGATIVE FORM OF **avoir** + PAST PARTICIPLE = QUESTION IN THE **PASSÉ COMPOSÉ**

Ex.: **Est-ce que tu as voyagé?**

Note: When the subject is a pronoun, questions in the **passé composé** can also be formed by inversion.

Ex.: <u>**As-tu assisté au match de foot?**</u>

Discovering
FRENCH
Nouveau!
BLEU

Unité 7, Leçon 23
VOCABULAIRE

Mots et expressions

**EXPRESSIONS POUR
INDIQUER QUAND**

aujourd'hui   today
hier   yesterday
demain   tomorrow
prochain(e)   next
dernier (dernière)   last

Discovering
FRENCH
Nouveau!
BLEU

Unité 7, Leçon 24
VOCABULAIRE

Mots et expressions

**LE PASSÉ COMPOSÉ AVEC
ÊTRE**

aller → je suis allé(e)   I went
arriver → je suis arrivé(e)   I arrived
rentrer → je suis rentré(e)   I came back
rester → je suis resté(e)   I stayed
venir → je suis venue(e)   I come

The Verb voir

The verb **voir** (to see) is irregular.

je vois	nous voyons
tu vois	vous voyez
il/elle/on voit	ils/elles voient

The passé composé of Regular -ir and -re Verbs

Forms

- The past participle of all regular **-ir** and **-re** verbs is formed as follows:

INFINITIVE (MINUS -ir/-re)	+	ENDING	=	PAST PARTICIPLE
choisir → chois-		-i		choisi
vendre → vend-		-u		vendu

- The **passé composé** of all regular **-ir** and **-re** verbs is formed as follows:

PRESENT OF **avoir** + PAST PARTICIPLE = **PASSÉ COMPOSÉ**

PASSÉ COMPOSÉ OF *choisir*

j'ai choisi	nous avons choisi
tu as choisi	vous avez choisi
il/elle/on a choisi	ils/elles ont choisi

PASSÉ COMPOSÉ OF *vendre*

j'ai vendu	nous avons vendu
tu as vendu	vous avez vendu
il/elle/on a vendu	ils/elles ont vendu

The passé composé of the Verbs être, avoir, faire, mettre, and voir

The verbs **être, avoir, faire, mettre,** and **voir** have irregular past participles.

être → été	mettre → mis
avoir → eu	voir → vu
faire → fait	

Note: In the **passé composé,** the verb **être** has two different meanings:

Ex.: **Mme Lebrun a été malade.** Mme Lebrun <u>has been</u> sick.
Elle a été à l'hôpital. She <u>was</u> in the hospital.

The passé composé with être

Forms

- The past participle of the verbs of motion are made like all other verbs depending on whether they are **-er, -ir,** or **-re** verbs. There is one difference—the past participle of verbs of motion agree with the subject in gender and number.

Ex.: **aller:**

	MASCULINE	FEMININE
SINGULAR	allé	allée
PLURAL	allés	allées

- The **passé composé** of verbs of motion is formed with the present tense of **être** and the appropriate past participle as follows:

PRESENT OF **être** + MASCULINE/FEMININE = **PASSÉ COMPOSÉ**
PAST PARTICIPLE WITH **être**

PASSÉ COMPOSÉ
MASCULINE SUBJECTS

je suis allé	nous sommes allés
tu es allé	vous êtes allé(s)
il est allé	ils sont allés

PASSÉ COMPOSÉ
FEMININE SUBJECTS

je suis allée	nous sommes allées
tu es allée	vous êtes allée(s)
elle est allée	elles sont allées

Note: When **vous** refers to a single person, the past participle is singular too.

Ex.: **M. Dupont, vous êtes <u>allé</u> au cinéma?**

The Negative Construction ne ... jamais

To say that one never does something, use the construction **ne ... jamais:**

SUBJECT	+	**ne**	+	VERB	+	**jamais** ...
Nous		ne		regardons		jamais la télé.

Note: Ne becomes **n'** before a vowel sound: **Nous n'allons jamais à l'opéra. Ne ... jamais** can be used in the **passé composé.**

Ex.: **Nous n'avons jamais visité Québec.**

The Expressions quelqu'un, quelque chose and Their Opposites

To refer to unspecified people or things, use the following expressions:

Affirmative Statements	Negative Statements
quelqu'un	ne ... personne
quelque chose	ne ... rien

Note: Like all negative expressions, **personne** and **rien** require **ne** before the verb, but in short answers, **personne** and **rien** may be used alone.

Ex.: —**Qui est allé avec toi?**
—**Personne.**

Discovering French, Nouveau! Bleu

Discovering FRENCH Nouveau! BLEU

Unité 8, Leçon 25
LE FRANÇAIS PRATIQUE

Pour communiquer

WHERE YOU WILL EAT	
Je vais déjeuner …	I will have lunch …
à la maison.	at home.
à la cantine (de l'école).	at the (school) cafeteria.
au restaurant.	at the restaurant.
PLANNING A MEAL	
aller au marché	to go to the market
faire les courses	to do the food shopping
acheter la nourriture	to buy the food
choisir les boissons	to choose the beverages
préparer le repas	to fix the meal
faire la cuisine	to do the cooking
mettre le couvert	to set the table
FOODS YOU LIKE/DISLIKE	
J'aime (le rosbif).	I like (roast beef).
Je préfère (la glace).	I prefer (ice cream).
Je déteste (les frites).	I detest (French fries).
SHOPPING FOR FOOD	
Je voudrais …	I would like …
du beurre.	(some) butter.
de la sole.	(some) sole.
des oeufs.	(some) eggs.
une livre de beurre.	a pound of butter.
un kilo de sole.	a kilo of sole.
une douzaine d'oeufs.	a dozen eggs.

Mots et expressions

LES REPAS	**MEALS**
le petit déjeuner	breakfast
le déjeuner	lunch
le dîner	dinner
prendre le petit déjeuner	to have breakfast
déjeuner	to have lunch
dîner	to have dinner
LE COUVERT	**PLACE SETTINGS**
un couteau	knife
un verre	glass
une tasse	cup
une assiette	plate
une cuillère	spoon
une fourchette	fork
une serviette	napkin
LA NOURRITURE	
un dessert	dessert
le fromage	cheese
le gâteau	cake
un hors-d'oeuvre	appetizer
le jambon	ham
le pain	bread
un plat	dish
le poisson	fish
le poulet	chicken
le riz	rice
le rosbif	roast beef
le saucisson	salami
les spaghetti	spaghetti
le thon	tuna
le veau	veal
le yaourt	yogurt
les céréales	cereal
les frites	French fries
la glace	ice cream
la nourriture	food
la salade	salad
la sole	sole
la soupe	soup
la tarte	pie
la viande	meat
LES FRUITS ET LES LÉGUMES	
un fruit	fruit
des haricots verts	green beans
un légume	vegetable
un pamplemousse	grapefruit
des petits pois	peas
une banane	banana
une carotte	carrot
une cerise	cherry
une fraise	strawberry
une orange	orange
une poire	pear
une pomme	apple
une pomme de terre	potato
une salade	(head of) lettuce
une tomate	tomato
LES INGRÉDIENTS	
le beurre	butter
le ketchup	ketchup
un oeuf	egg
le sel	salt
le sucre	sugar
la confiture	jam
la mayonnaise	mayonnaise
LES BOISSONS	
le jus d'orange	orange juice
le jus de pomme	apple juice
le lait	milk
le thé glacé	iced tea
une boisson	beverage
l'eau (minérale)	(mineral) water
INTERACTING WITH OTHERS	
Est-ce que Paul … connaît?	Does Paul know …
me, te, nous, vous	me?; you?; us?; you?
le, la, les	him?; her?; them?
Est-ce que Sophie … parle?	Is Sophie talking …
me, te	to me?; to you?
nous, vous	to us?; to you?
lui, leur	to him/her?; to them?
VERBES IRRÉGULIERS	
boire	to drink
connaître	to know
décrire	to describe
devoir	must, to have to
dire	to say, to tell
écrire (à)	to write (to)
pouvoir	can, may, to be able
vouloir	to want

Discovering FRENCH Nouveau! BLEU

Unité 8, Leçon 26
VOCABULAIRE

Mots et expressions

VERBES IRRÉGULIERS	
apprendre	to learn
apprendre à (+ infinitive)	to learn how (+ infinitive)
comprendre	to understand
prendre	to take, to have (a meal)

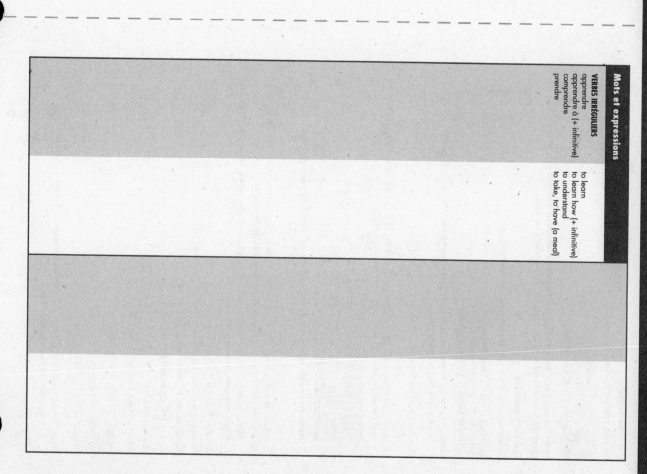

The Verb vouloir

The verb **vouloir** (to want) is irregular.

je veux	nous voulons
tu veux	vous voulez
il/elle/on veut	ils/elles veulent

Note: The past participle is **voulu**, and the **passé composé** is formed with **avoir**. Use je **voudrais** (I would like) to make a request: **Je voudrais un café.**

The Verb prendre

The plural forms of the verb **prendre** (to take) are irregular.

je prends	nous prenons
tu prends	vous prenez
il/elle/on prend	ils/elles prennent

Note: The past participle is **pris,** and the **passé composé** is formed with **avoir.**
Ex.: **Au café j'ai pris une pizza.**

The Partitive Article: du, de la

Forms

Use the partitive article to refer to a certain quantity or a certain amount of something. It means some or any in English, and it has these forms:

	SINGULAR	PLURAL
MASCULINE	du (de l')	des
FEMININE	de la (de l')	

Note: Du and **de la** become **de l'** before a vowel sound: **Tu veux de l'eau?**

Usage of the Partitive Article

While the words some and any are often omitted in English, the articles **du, de la, de l',** and **des** must be used in French: **Nous prenons de la salade.**

Note: Partitive articles are often, but not always, used after: **voici, voilà, il y a, acheter, avoir, manger, prendre, vouloir.**

The Partitive Article in Negative Phrases

The negative form of the partitive article is formed as follows:

du, de la, de l', des → ne ... pas de (d')

Ex.: **Éric ne prend pas de café.**

The Verb boire

The verb **boire** (to drink) is irregular.

je bois	nous buvons
tu bois	vous buvez
il/elle/on boit	ils/elles boivent

Note: The past participle is **bu,** and the **passé composé** is formed with **avoir.**
Ex.: **Au café j'ai bu une limonade.**

Mots et expressions

VERBES RÉGULIERS

aider	to help
amener	to bring (people)
apporter	to bring (things)
donner (à)	to give (to)
montrer (à)	to show (to)
prêter (à)	to lend, to loan (to)

Mots et expressions

VERBES RÉGULIERS

demander (à)	to ask
répondre (à)	to answer

Unité 8, Leçon 28
LANGUE ET COMMUNICATION

The Verb connaître

The verb **connaître** (to know) is irregular.

je connais	nous connaissons
tu connais	vous connaissez
il/elle/on connaît	ils/elles connaissent

The past participle of **connaître** is **connu,** and in the **passé composé,** it means to meet for the first time.

Note: Use **connaître** to say that you know or are acquainted with people or places, but to say that you know information, use **je sais, tu sais.**

Ex.: **Je connais Éric.** But: **Je sais où il habite.**

The Direct Object Pronouns: le, la, les

Direct objects (people, places, or things) can be replaced by direct object pronouns.

Direct Object Pronoun Forms and Usage

	MASCULINE	FEMININE
SINGULAR	le / l' (+ vowel sound)	la / l' (+ vowel sound)
PLURAL	les	les

Note: Direct object pronouns generally come before the verb in affirmative statements and after **ne** in negative statements.

Ex.: —**Éric? Je <u>le</u> connais bien.**

—**Non, tu ne <u>le</u> connais pas.**

Direct Object Pronoun Placement in the Imperative

In affirmative commands, direct object pronouns come after the verb and are joined to it by a hyphen.

Ex.: —**On invite Éric?**

—**Oui, <u>invite-le.</u>**

In negative commands, they come before the verb: **Non, ne <u>l'</u>invite pas!**

Continued on reverse

The Object Pronouns me, te, nous, vous

Forms

je → me (m' + vowel sound)	nous → nous
tu → te (t' + vowel sound)	vous → vous

Position

Object pronouns usually come before the verb as follows:

AFFIRMATIVE

SUBJECT + OBJECT PRONOUN + VERB ...	
Paul	nous	invite.

NEGATIVE

SUBJECT + **ne** + OBJECT PRONOUN + VERB + **pas** ...			
Éric	ne	nous	invite	pas.

Object Pronouns in the Imperative

In negative commands, the object pronouns come before the verb.

Ex.: **Ne me téléphone pas demain!**

In affirmative commands, the object pronouns come after the verb, and **me** and **te** become **moi** and **toi**.

Ex.: **Téléphone-moi ce soir!**   **Assieds-toi!**

The Verbs pouvoir and devoir

Forms

The verbs **pouvoir** (can, may, be able) and **devoir** (must, have to) are irregular.

pouvoir

je peux	nous pouvons
tu peux	vous pouvez
il/elle/on peut	ils/elles peuvent

devoir

je dois	nous devons
tu dois	vous devez
il/elle/on doit	ils/elles doivent

Note: The past participle of **pouvoir** is **pu** and **devoir**'s is **dû**. Both of them form the passé composé with **avoir**.

Ex.: **Hier, j'ai pu voir la télé, mais avant de voir la télé, j'ai dû faire mes devoirs.**

Usage of pouvoir and devoir

• **Pouvoir** has several English equivalents: can, may, and to be able.

• **Devoir** is used to express an obligation, and it is usually followed by an infinitive. It cannot stand alone.

Ex.: —**Est-ce que tu dois étudier ce soir?**

—**Oui, je dois étudier.**

The Indirect Object Pronouns lui, leur

Forms

Indirect object pronouns replace **à** + NOUN REPRESENTING PEOPLE.

	MASCULINE/FEMININE
SINGULAR	lui
PLURAL	leur

Ex.: —**Tu prêtes ton vélo à tes cousines?**

—**Non, je ne leur prête pas mon vélo.**

Position of lui and leur

• They come before the verb, except in affirmative commands.

Ex.: **Je lui parle souvent.** But: **Parle-lui!**

• In negative sentences, they come between ne and the verb.

Ex.: **Je ne lui téléphone pas.**

The Verbs dire and écrire

The verbs **dire** (to say, tell) and **écrire** (to write) are irregular.

dire

je dis	nous disons
tu dis	vous dites
il/elle/on dit	ils/elles disent

écrire

j'écris	nous écrivons
tu écris	vous écrivez
il/elle/on écrit	ils/elles écrivent

Note: The past participle of **dire** is **dit** and **écrire**'s is **écrit.** Both verbs form the passé composé with **avoir. Décrire** is conjugated like **écrire.** To report what someone says or writes, use **que** or **qu'** (that) after **dire** and **écrire.**

Ex.: **Florence dit que Frédéric est sympathique.**

Discovering French, Nouveau! Bleu